BUCHNERS KOLLEG
THEMEN GESCHICHTE

Mythen

Geschichts- und Erinnerungskultur

C.C.Buchner Verlag

Buchners Kolleg. Themen Geschichte

Mythen

Geschichts- und Erinnerungskultur

Unterrichtswerk für die Oberstufe

Bearbeitet von Boris Barth, Klaus Dieter Hein-Mooren, Stephan Kohser, Heike Krause-Leipoldt, Lorenz Maier, Oliver Näpel, Thomas Ott, Jürgen Weber, Stefanie Witt und Hartmann Wunderer

Zu diesem Lehrwerk sind erhältlich:
- Digitales Lehrermaterial **click & teach** Einzellizenz, WEB-Bestell-Nr. 322591
- Digitales Lehrermaterial **click & teach** Box (Karte mit Freischaltcode), ISBN 978-3-661-32259-9

Weitere Lizenzformen (Einzellizenz flex, Kollegiumslizenz) und Materialien unter www.ccbuchner.de.

Dieser Titel ist auch als digitale Ausgabe **click & study** unter www.ccbuchner.de erhältlich.

1. Auflage, 1. Druck 2023
Alle Drucke dieser Auflage sind, weil untereinander unverändert, nebeneinander benutzbar.

Dieses Werk folgt der reformierten Rechtschreibung und Zeichensetzung. Ausnahmen bilden Texte, bei denen künstlerische, philologische oder lizenzrechtliche Gründe einer Änderung entgegenstehen.

Auf verschiedenen Seiten dieses Buches finden sich Mediencodes. Sie verweisen auf optionale Unterrichtsmaterialien und Internetadressen (Links).
Haftungshinweis: Trotz sorgfältiger inhaltlicher Kontrolle wird die Haftung für die Inhalte externer Seiten ausgeschlossen.

Layout, Satz und Grafiken: mgo360 GmbH & Co. KG, Bamberg
Druck und Bindung: mgo360 GmbH & Co. KG, Bamberg

www.ccbuchner.de

ISBN 978-3-661-**32209**-4

1. Geschichts- und Erinnerungskultur

2. Abiturvorbereitung

Anhang

Hinweis: Die Inhalte des vorliegenden Lehrwerkes sind auf Kurse mit erhöhtem Anforderungsniveau abgestimmt. Bei den Arbeitsfragen zu den (Text-)Materialien finden Sie Vorschläge, wie Kurse auf grundlegendem Anforderungsniveau mit dem Band unterrichtet werden können. Die Aufgaben für die gA-Kurse sind speziell durch einen Unterstrich gekennzeichnet (z. B. 1., 2., 3., 4.).

Zur Arbeit mit dem Buch

Das vorliegende **Lern- und Arbeitsbuch** wurde eigens nach den Vorgaben des Kerncurriculums für Niedersachsen und den fachbezogenen Hinweisen zur schriftlichen Abiturprüfung konzipiert.

Einführungsseiten

leiten mit problemorientierten Bildern und Texten, einer **Lernstandserhebung** sowie den **Kompetenzerwartungen** in die vier Rahmenthemen ein.

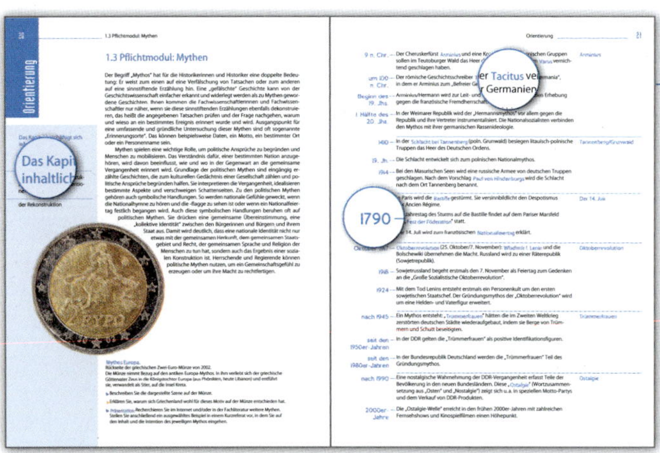

Orientierungsseiten

informieren überblicksartig über die Themen des **Pflichtmoduls**.
Die Doppelseite umfasst ein Auftaktbild, einen kurzen Text zum Einstieg ins Thema, die **Lerninhalte** des jeweiligen Moduls sowie eine **Chronologie** mit zentralen Daten und Fakten.

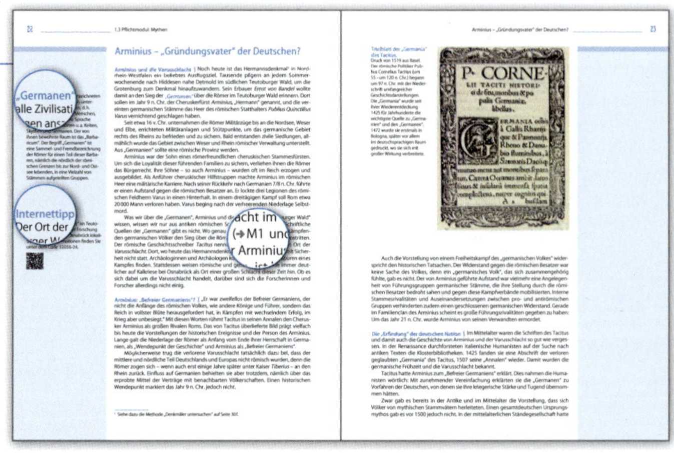

Darstellungen

vermitteln ein Verständnis für historische Zusammenhänge und Strukturen. Sie sind mit den Materialien durch Querverweise vernetzt. (➜M1, ➜M2 etc.)
Die Randspalte enthält **Begriffserklärungen** sowie weiterführende **Internettipps**.

Materialien

vertiefen zentrale Themenaspekte und stellen kontroverse Sichtweisen dar. Die Aufgaben sind farblich je nach **Anforderungsbereich** gekennzeichnet. Erläuterungen dazu stehen auf Seite 58 f. Tipps zum richtigen **Umgang mit den Operatoren** finden Sie ab Seite 60. Über Angebote zum Helfen (**H**) und Fordern (**F**) informiert Seite 76 f.

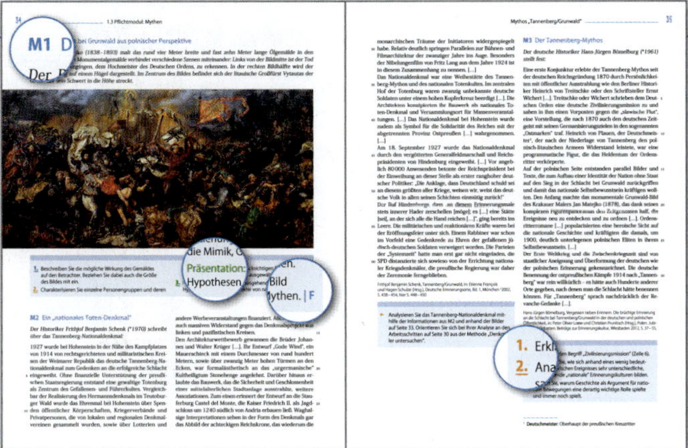

Weitere Hinweise

- Aufgaben, die eine **Partner-/Gruppenarbeit** sowie **Präsentationsformen** erfordern, sind zusätzlich ausgewiesen.
- Aufgaben für **gA-Kurse** sind durch einen Unterstrich (**1.**, **2.** etc.) gekennzeichnet.

Kernmodule

sind **rot** gekennzeichnet. Sie behandeln **historische Theorien und Erklärungsmodelle** und vernetzen zum Teil die Kapitel durch Querverweise und Aufgaben miteinander.

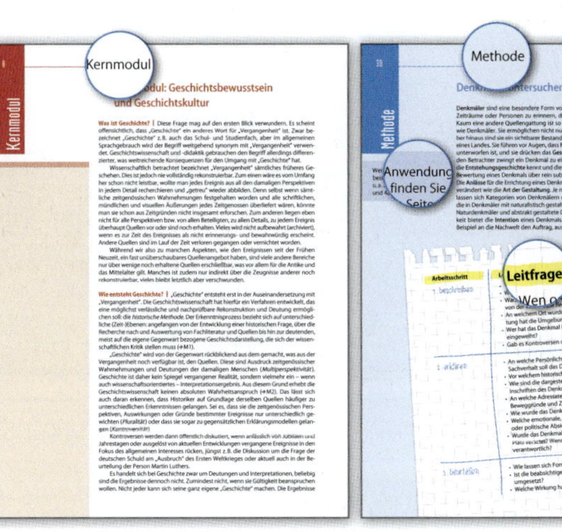

Methoden

erläutern **historische Arbeitstechniken** für die eigenständige Erarbeitung und Wiederholung an einem konkreten Beispiel. Die **Musterlösungen** können Sie auf Seite 75 nachlesen.

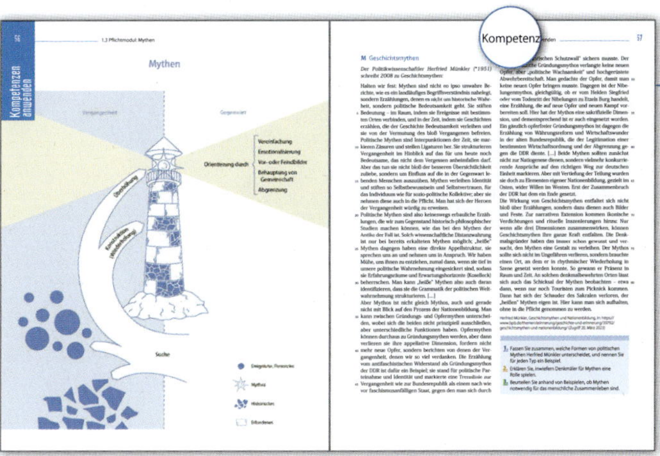

Kompetenzen anwenden

Auf dieser Doppelseite fassen **Schaubilder** die wesentlichen Lerninhalte des Kapitels zusammen. Mithilfe von **Materialien** können das erworbene Wissen und die angeeigneten methodischen Kenntnisse getestet werden.

Neuinszenierung der Varusschlacht zwischen Römern und Germanen.
Foto vom 11. Juni 2009.
Die Abbildung zeigt Darsteller bei den Römer- und Germanentagen in Kalkriese (Landkreis Osnabrück). An diesem Ort soll es im Jahre 9 n. Chr. zur sogenannten „Varusschlacht" gekommen sein, in der eine Koalition aus germanischen Gruppen unter Führung von Arminius das Heer des römischen Feldherrn Varus vernichtend schlug.

100 Jahre Oktoberrevolution.
Foto vom 24. Oktober 2017.
Im Innenhof des Winterpalastes, der ehemaligen Residenz des russischen Zaren in St. Petersburg, ist ein historischer Panzerwagen und eine Kanone im Rahmen einer Ausstellung zu sehen.

Internationales Trabantfahrer-Treffen.
Foto vom 19. Juni 2022.
Teilnehmer fahren bei einer Trabi-Parade durch die sächsische Stadt Zwickau, dem ehemaligen Produktionsstandort des Automobils.

1. Geschichts- und Erinnerungskultur

Niemals zuvor war es so vielen Menschen möglich, sich derart umfassend über geschichtliche Ereignisse der Vergangenheit und Gegenwart zu informieren. Bücher und andere Medien, allen voran das Internet, sind dabei klassische Informationsträger. Zeitzeugen, Erinnerungsorte, Denkmäler und Gedenktage tragen ebenfalls dazu bei, dass uns das Wissen um die historischen Vorgänge erhalten bleibt. Dabei sind dies keinesfalls nur Eckpfeiler der Vergangenheit. Unsere Gegenwart bietet reichlich Stoff, um sich immer wieder mit Themen auseinanderzusetzen und diese zeitnah in diverse Erinnerungsformen zu gießen, um das Wissen für die Nachwelt zu erhalten. Nur so lassen sich auch langwierige Entwicklungen als solche erkennen und verstehen. In diesem Rahmenthema lernen Sie, wie Geschichts- und Erinnerungskultur funktioniert, können Ihre Fertigkeiten zur Dekonstruktion von Geschichtsdarstellungen anwenden und Geschichte schließlich in komplexen Formen darstellen.

Kompetenzen

Am Ende des Rahmenthemas sollten Sie Folgendes können:

- … Geschichtsdarstellungen hinsichtlich der darin enthaltenen Deutungen sowie ihren historischen Erkenntniswert analysieren und die Bedeutung der darin vorhandenen Konstruktionen für ihr Geschichtsverständnis und ihre Identität bewerten.
- … den (gesellschaftlichen) Umgang mit Geschichte, die damit verbundenen spezifischen Formen der Erinnerung und deren mediale Umsetzung reflektieren und die Intention solcher Rekonstruktionsprozesse bewerten.
- … sich mit der Geschichtlichkeit von Mensch und Welt sowie der Wahrheitsfähigkeit von Geschichte auseinandersetzen.
- … die (Deutungs-)Offenheit historischer Prozesse beurteilen.

Was wissen und können Sie schon?

Betrachten Sie in kleinen Arbeitsgruppen die Bildmaterialien auf der linken Seite. Bearbeiten Sie die folgenden Aufgaben und präsentieren Sie anschließend Ihre Ergebnisse in der Klasse.

1. Beschreiben Sie die drei Bilder. Gehen Sie dabei auf die nachstehenden Fragen ein: Wer oder was ist dargestellt? Was wird thematisiert?
2. Ordnen Sie die drei Fotografien in den historischen Kontext ein: Auf welche Ereignisse bzw. Sachverhalte beziehen sie sich?
3. Erklären Sie, was Sie allgemein unter dem Begriff „Mythos" verstehen.
4. Stellen Sie Vermutungen an, ob die Varusschlacht, die Oktoberrevolution und der Trabant als „Mythos" bezeichnet werden können.

1.1 Kernmodul: Geschichtsbewusstsein und Geschichtskultur

Was ist Geschichte? | Diese Frage mag auf den ersten Blick verwundern. Es scheint offensichtlich, dass „Geschichte“ ein anderes Wort für „Vergangenheit“ ist. Zwar bezeichnet „Geschichte“ z. B. auch das Schul- und Studienfach, aber im allgemeinen Sprachgebrauch wird der Begriff weitgehend synonym mit „Vergangenheit“ verwendet. Geschichtswissenschaft und -didaktik gebrauchen den Begriff allerdings differenzierter, was weitreichende Konsequenzen für den Umgang mit „Geschichte“ hat.

Wissenschaftlich betrachtet bezeichnet „Vergangenheit“ sämtliches früheres Geschehen. Dies ist jedoch nie vollständig rekonstruierbar. Zum einen wäre es vom Umfang her schon nicht leistbar, wollte man jedes Ereignis aus all den damaligen Perspektiven in jedem Detail recherchieren und „getreu“ wieder abbilden. Denn selbst wenn sämtliche zeitgenössischen Wahrnehmungen festgehalten worden und alle schriftlichen, mündlichen und visuellen Äußerungen jedes Zeitgenossen überliefert wären, könnte man sie schon aus Zeitgründen nicht insgesamt erforschen. Zum anderen liegen eben nicht für alle Perspektiven bzw. von allen Beteiligten, zu allen Details, zu jedem Ereignis überhaupt Quellen vor oder sind noch erhalten. Vieles wird nicht aufbewahrt (archiviert), wenn es zur Zeit des Ereignisses als nicht erinnerungs- und bewahrwürdig erscheint. Andere Quellen sind im Lauf der Zeit verloren gegangen oder vernichtet worden.

Während wir also zu manchen Aspekten, wie den Ereignissen seit der Frühen Neuzeit, ein fast unüberschaubares Quellenangebot haben, sind viele andere Bereiche nur über wenige noch erhaltene Quellen erschließbar, was vor allem für die Antike und das Mittelalter gilt. Manches ist zudem nur indirekt über die Zeugnisse anderer noch rekonstruierbar, vieles bleibt letztlich aber verschwunden.

Wie entsteht Geschichte? | „Geschichte“ entsteht erst in der Auseinandersetzung mit „Vergangenheit“. Die Geschichtswissenschaft hat hierfür ein Verfahren entwickelt, das eine möglichst verlässliche und nachprüfbare Rekonstruktion und Deutung ermöglichen soll: die *historische Methode*. Der Erkenntnisprozess bezieht sich auf unterschiedliche (Zeit-)Ebenen: angefangen von der Entwicklung einer historischen Frage, über die Recherche nach und Auswertung von Fachliteratur und Quellen bis hin zur deutenden, meist auf die eigene Gegenwart bezogene Geschichtsdarstellung, die sich der wissenschaftlichen Kritik stellen muss (➔M1).

„Geschichte“ wird von der Gegenwart rückblickend aus dem gemacht, was aus der Vergangenheit noch verfügbar ist, den Quellen. Diese sind Ausdruck zeitgenössischer Wahrnehmungen und Deutungen der damaligen Menschen (*Multiperspektivität*). Geschichte ist daher kein Spiegel vergangener Realität, sondern vielmehr ein – wenn auch wissenschaftsorientiertes – Interpretationsergebnis. Aus diesem Grund erhebt die Geschichtswissenschaft keinen absoluten Wahrheitsanspruch (➔M2). Das lässt sich auch daran erkennen, dass Historiker auf Grundlage derselben Quellen häufiger zu unterschiedlichen Erkenntnissen gelangen. Sei es, dass sie die zeitgenössischen Perspektiven, Auswirkungen oder Gründe bestimmter Ereignisse nur unterschiedlich gewichten (*Pluralität*) oder dass sie sogar zu gegensätzlichen Erklärungsmodellen gelangen (*Kontroversität*).

Kontroversen werden dann öffentlich diskutiert, wenn anlässlich von Jubiläen und Jahrestagen oder ausgelöst von aktuellen Entwicklungen vergangene Ereignisse in den Fokus des allgemeinen Interesses rücken, jüngst z. B. die Diskussion um die Frage der deutschen Schuld am „Ausbruch“ des Ersten Weltkrieges oder aktuell auch in der Beurteilung der Person Martin Luthers.

Es handelt sich bei Geschichte zwar um Deutungen und Interpretationen, beliebig sind die Ergebnisse dennoch nicht. Zumindest nicht, wenn sie Gültigkeit beanspruchen wollen. Nicht jeder kann sich seine ganz eigene „Geschichte“ machen. Die Ergebnisse werden diskutiert und geprüft und erst wenn sich herausstellt, dass die Deutung im Einklang mit den zur Verfügung stehenden Quellen ist, die Argumentation schlüssig ist und die historische Methode korrekt angewendet wurde, akzeptiert die Wissenschaftsgemeinschaft solche Ergebnisse als konsensfähig, als **triftig**.

In der Freizeit lässt sich der wissenschaftliche Anspruch nicht immer eigentätig umsetzen. Daher greifen viele vor allem in ihrer freizeitlichen Beschäftigung mit Vergangenheit auf bereits fertige Geschichtsangebote zurück, die – je nach Wissenschaftlichkeit – zu mehr oder weniger triftigen Geschichtsbildern, also Vorstellungen über die Vergangenheit, führen können. Eine Schwierigkeit besteht darin, aus der Fülle der Angebote diejenigen herauszufiltern, die tatsächlich auf Quellen und dem aktuellen Forschungsstand beruhen, und sie von denjenigen zu unterscheiden, die Wissenschaftlichkeit bloß behaupten und dabei „Geschichte" bewusst oder unabsichtlich falsch oder mit politischen Absichten darstellen.[1]

Wieso Geschichtsbewusstsein? | In der Diskussion über Vergangenheit und Geschichte sollten drei Bezeichnungen unterschieden werden, die häufig synonym verwendet werden, aber wichtige Unterscheidungen beinhalten: *Geschichtswissen*, *Geschichtsbild* und *Geschichtsbewusstsein*. Unter Geschichtswissen ist die Kenntnis der Daten und Fakten der Vergangenheit und der verschiedenen aktuellen Deutungszuweisungen zu verstehen, über die ein Mensch verfügt. Häufig erscheint gerade das Fach Geschichte als langweilig, weil es als bloße Faktenpaukerei missverstanden wird. Ein Grundwissensgerüst ist sicher unersetzlich, weil ohne die Kenntnis der wesentlichen Fakten eine Orientierung und Beurteilung von Geschichtsangeboten auf ihre fachliche Korrektheit hin nicht möglich ist. Geschichtsunterricht erschöpft sich aber nicht in der Aneignung von Faktenwissen. Vielmehr hat er das Ziel, eigene und fremde *Geschichtsbilder* zu reflektieren und zu hinterfragen. „Geschichtsbild" meint hier die Vorstellungen von Menschen über eine Zeit. Sehr häufig sind diese eher klischeehaft und wissenschaftlich nicht haltbar, so z. B. das gängige Klischee des dekadenten alten Roms oder des finsteren Mittelalters. Um eigene und fremde Geschichtsbilder als potenziell falsch anzuerkennen, bedarf es nicht nur der Faktenkenntnis. Gerade die genannten klischeehaften Vorstellungen lassen sich durchaus auf Quellen zurückführen, zumindest solange man diese nicht kritisch untersucht. Es bedarf aber vielmehr der Entwicklung eines *Geschichtsbewusstseins*, um reflektiert und konstruktiv mit derartigen eigenen und fremden Vorstellungen umzugehen.

Über „Geschichte" kann man sich auf unterschiedlichen Ebenen bewusst werden: Zunächst einmal kann sich ein Mensch darüber klar werden, dass es so etwas wie Vergangenheit/Geschichte gibt, dass die menschliche Entwicklung, unsere Erkenntnisse, Haltungen und Werte Veränderungen unterworfen waren, sind und sein werden. Er weiß, dass Geschichte unterschiedliche, gegenwartsbezogene und

Abbau des Lenin-Denkmals.
Foto von 1991, Berlin.
Arbeiter montieren das 18 Meter hohe Denkmal von Wladimir Iljitsch Lenin, russischer Revolutionär und Gründer der Sowjetunion, im Ost-Berliner Bezirk Friedrichshain ab.

triftig > Triftigkeit: Der historische Erkenntnisprozess beruht auf der Rekonstruktion von Ereignissen und Personen (Sachanalyse). Durch einen Quellenvergleich wird versucht herauszufinden, wie vergangene Ereignisse von den Zeitgenossen (vermutlich) wahrgenommen wurden, warum sie wie gehandelt bzw. nicht gehandelt haben. Diese Beurteilung berücksichtigt die zeitgenössischen Wert- und Weltvorstellungen (Sachurteil). Auf dieser Grundlage und einer entsprechenden Deutung und Gewichtung werden kausale Zusammenhänge gebildet. Die Vergangenheit wird dann nach heutigen Maßstäben beurteilt, Gegenwartsbezüge werden hergestellt und Perspektiven für die Zukunft entwickelt (Werturteil). Erfolgt dies nach den Gesetzen der Logik und der wissenschaftlichen Methode, spricht man von Triftigkeit.

[1] Lesen Sie dazu auch das Kernmodul auf Seite 14 bis 19.

zukunftsgerichtete Bedürfnisse befriedigen und unterschiedliche Funktionen haben kann.[1] Auf einer abstrakteren Ebene begreift der Mensch aber auch, dass Geschichte nicht mit Vergangenheit gleichzusetzen ist. Ihm ist also der *Konstruktionscharakter von Geschichte* bewusst. Auf der höchsten Stufe nutzt er diese Erkenntnis, um entweder selbst triftig Geschichte aus den Quellen zu deuten oder um sich mit Geschichtsangeboten anderer kritisch auseinanderzusetzen. Letzten Endes ist dies der Beitrag, den das Fach Geschichte leistet: zu einem kritischen Bewusstsein und einer verantwortungsvollen Teilhabe und Mitgestaltung unserer demokratischen Gesellschaft zu befähigen.

Ein heikler Besuch.
Foto vom 5. Mai 1985, Bitburg (Rheinland-Pfalz).
US-General Matthew Ridgeway, US-Präsident Ronald Reagan, Bundeskanzler Helmut Kohl und der ehemalige Luftwaffeninspekteur der Bundeswehr, Johannes Steinhoff, besuchten im Mai 1985 den Militärfriedhof in Bitburg. Reagan legte auf dem Friedhof einen Kranz am Ehrenmal für gefallene Soldaten des Zweiten Weltkrieges nieder.

- Recherchieren Sie im Internet den Hintergrund zu den abgebildeten Ereignissen auf den Fotos (diese und vorherige Seite).
- Lesen Sie M4 auf Seite 13 aufmerksam durch. Ordnen Sie anschließend die beiden Ereignisse den Bereichen Geschichts- bzw. Erinnerungskultur zu.
- Erläutern Sie die Unterschiede der beiden Konzepte an diesen Beispielen und ergänzen Sie sie um Ihnen bekannte weitere Ereignisse.

Geschichtsbewusstsein und Geschichtskultur | Ganz allgemein gesprochen meint ein reflektiertes *Geschichtsbewusstsein* die Erkenntnis, dass aus gegenwartsbezogenen Interessen und Fragestellungen durch die Hinwendung zur Vergangenheit Geschichte so konstruiert wird, dass sie sinnstiftend für Gegenwart und Zukunft wird.

Damit wird aber auch deutlich, dass dieses Geschichtsbewusstsein einen Prozess und das Ergebnis einer individuellen Geistesleistung darstellt. Wenn Geschichtsdidaktiker wie beispielsweise *Karl-Ernst Jeismann* oder *Jörn Rüsen* dann vom „Geschichtsbewusstsein in der Gesellschaft“ sprechen, bleibt zu fragen, wie sich so ein „kollektives Geschichtsbewusstsein“ herausbildet.

Der Geschichtsdidaktiker *Bernd Schönemann* erklärt Geschichtsbewusstsein als zwei Seiten einer Medaille. Er geht davon aus, dass sich ein Geschichtsbewusstsein nur individuell entwickeln lässt (innere Seite), es aber durch Kommunikation im öffentlichen Raum auch eine äußere Seite erhält. Diese „öffentlichen Geschichtsäußerungen“ werden als *Geschichtskultur* bezeichnet (➔M3).

Parallel hierzu steht das Konzept des kulturellen, des kommunikativen und des kollektiven Gedächtnisses, das *Jan* und *Aleida Assmann* auf der Grundlage der Forschungen des französischen Philosophen und Soziologen *Maurice Halbwachs* entwickelt haben (➔M4).

[1] Darüber informiert auch das Kernmodul auf Seite 14 bis 19.

M1 Historische Erkenntnis

*Die Geschichtsdidaktikerin Saskia Handro (*1969) hat ein Modell entwickelt, das den Prozess der historischen Erkenntnis abbildet:*

	Verstehen (Hermeneutik) als gegenwartsgebundener Deutungsakt			Strategien historischen Denkens ⟷		Erklärung (Analytik) als Anwendung fachspezifischer Theorien, Konzepte und Begriffe		
Epistemische Funktion rezeptiven und produktiven Sprachhandelns	**Historische Methode**							
	Heuristik Erkenntnisinitiation und Recherche			**Quellenkritik** Erkenntnisproduktion und methodische Reflexion	**Interpretation** Erkenntnisstrukturierung und Sinnbildung	**Darstellung** Erkenntnispräsentation und -reflexion		
	Historische Fragen formulieren	Vorwissen darstellen, Hypothesen formulieren	Darstellungen und Quellen recherchieren	Formale und inhaltliche Struktur analysieren • Gattungsmerkmale, situativer Kontext • benennen, beschreiben und beurteilen von Quellenaussagen (Perspektivität, Intention, Analyse sprachlicher Mittel)	Quellen- und Darstellungsaussagen in Bezug auf historische Frage u.a. • beurteilen, vergleichen • kausale, temporale Zusammenhänge, Motive erklären • Theorien, Fachbegriffe anwenden, Triftigkeiten benennen	Historisches Erzählen: adressaten-, gattungs- und situationsgerecht (als u.a. Vortrag, Zeitungsartikel)	Historische Sach- und Werturteile erklären und begründen: in Bezug auf Triftigkeit, Theorien, Werte, Normen	Historische Deutungen und Werturteile diskutieren, argumentieren, erörtern
	Narrativieren als historischer Sinnbildungs- und Erkenntnisprozess					**Historische Narrationen im Diskursprozess**		

Nach: Saskia Handro, Sprachbildung im Geschichtsunterricht. Leerformel oder Lernchance?, in: Katharina Grannemann, Sven Oleschko und Christian Kuchler (Hrsg.), Sprachbildung im Geschichtsunterricht. Zur Bedeutung der kognitiven Funktion von Sprache, Münster 2018, S. 13–42, hier S. 15

1. Markieren Sie Ihnen unbekannte Begriffe und schlagen Sie ihre Bedeutung in einem Wörterbuch oder Online-Lexikon nach.
2. Erklären Sie ausgehend vom Schaubild, wieso es sich beim historischen Denken um einen Prozess handelt.
3. Erläutern Sie, welche Schritte des Schaubildes im Geschichtsunterricht vollzogen werden. Nennen Sie Beispiele aus Ihrem Schulbuch, mit denen diese Schritte vollzogen werden.
4. Diskutieren Sie, wieso es wichtig ist, „historisch zu denken", anstatt nur Faktenwissen zu lernen.

M2 Objektivität und Geschichte

Der Geschichtsdidaktiker Karl-Ernst Jeismann (1925–2012) hat mit seinem Konzept vom Geschichtsbewusstsein maßgeblich die Geschichtsdidaktik beeinflusst. In einem Vortrag erklärt er, was unter „Objektivität von Geschichte" zu verstehen ist:

Wenn wir von Geschichte reden, handelt es sich nicht um die reale, vergangene Geschichte, sondern immer nur um eine spätere Rekonstruktion von Vergangenheiten aus häufig unvollständigen und dunklen Zeugnissen, um ein vieldeutiges, mehrdimensionales Puzzle, immer wieder umgebaut und neugestaltet je nach Zuwachs oder Verlust von Erkenntnis, aber auch je nach unterschiedlicher Perspektive und Erfahrung. Um die ganze Wahrheit der Geschichte können wir nicht streiten, nur um die Richtigkeit oder die Triftigkeit bestimmter Rekonstruktionen. In Urteil und Wertung beziehen wir Geschichte auf uns selbst; nur so, nicht in der bloßen

Reihung von Fakten, entsteht in Öffentlichkeit und Wissenschaft Interesse an der Geschichte. Von anderen Erfahrungen und Positionen her gesehen, sieht die gleiche Geschichte anders aus, ohne dass sie verfälscht sein muss. Schaut man so hinter die Geschichten, kann man lernen, dass keine für sich das absolute Recht auf Alleingültigkeit beanspruchen und andere Wertungen verdammen oder als schlechthin falsch bezeichnen darf. Daraus wiederum ist zu folgern, dass unterschiedliche oder kontroverse Geschichtsrekonstruktionen miteinander in Verbindung gesetzt, aneinander gemessen werden können und müssen. Das ergibt kein einheitliches Geschichtsbild, ist aber ein Weg zu einer Verständigung über verschiedene, jeweils in ihrer Weise begrenzt richtige Vorstellungen von der Geschichte. Dies ist die Art, wie „Objektivität“ denkbar wird, als „Konsensobjektivität“ des Abwägens verschiedener Perspektiven und Urteile. Wir verlangen sachliche und methodische Solidität – Richtigkeit –, maßen uns aber nicht den Besitz alleingültiger Maßstäbe und Urteile an. Das führt zu einem unabschließbaren Diskurs um Geschichte im Austausch der Argumente: Das – und nicht das Wahrheitsmonopol – ist der von der Wissenschaft der Öffentlichkeit anzubietende Umgang mit Geschichte. Er ist schwer. Gelingt aber eine solche Verständigung, wird nicht nur unser Geschichtsbild reicher und vielfältiger, sondern auch das Verständnis des anderen in der Gegenwart vertieft. Geschichte muss dann nicht Barriere zwischen Parteien oder Völkern sein, das legitime Identifikationsbedürfnis ist nicht auf die Konstruktion von Feindbildern angewiesen, und die oft so vordergründigen Argumentationen mit Geschichte zu gegenwärtigen Zwecken werden leichter durchschaubar. Das ist es, was Geschichtswissenschaft als Besinnung auf die Art und Weise, wie uns die Vergangenheit überhaupt zur Verfügung steht, der Öffentlichkeit bieten kann: Geschichtsbewusstsein statt Geschichtsbegehren, Nachdenklichkeit statt selbstgerechter Bestätigung. Das ist zugleich ein Beitrag zu vernünftigem Miteinander in modernen Gesellschaften und zwischen den Völkern und Staaten.

Karl-Ernst Jeismann, Geschichte und Öffentlichkeit. Historie zwischen Vergewisserung und Verführung, herausgegeben vom Landschaftsverband Osnabrücker Land e.V., Bad Iburg 1999, S. 33 f.

1. Klären Sie unbekannte Begriffe im Text.
2. Fassen Sie die wichtigsten Aussagen zusammen.
3. Erklären Sie, was Jeismann unter „Konsensobjektivität“ (Zeile 26) versteht. | H
4. Präsentation: Markieren Sie Wortzusammensetzungen, die sich auf „Geschichte“ beziehen. Erstellen Sie eine Tabelle oder Liste, in der Sie diese Begriffe erklären.
5. Jeismann verwendet den Begriff „Geschichte“ auch dann, wenn er „Vergangenheit“ meint. Erläutern Sie den Unterschied zwischen diesen Begriffen. Beurteilen Sie anschließend, ob es nicht anstatt „Geschichtsrekonstruktionen“ besser „Vergangenheitsrekonstruktionen“ heißen müsste.

M3 Geschichtsbewusstsein und Geschichtskultur: zwei Seiten einer Medaille?

*Der Geschichtsdidaktiker Bernd Schönemann (*1954) beschreibt das Verhältnis von innerer (individueller) und äußerer (kollektiver) Seite des Geschichtsbewusstseins wie folgt:*

Die Kategorien Geschichtsbewusstsein und Geschichtskultur lassen sich widerspruchsfrei unter dem „Dach“ der Zentralkategorie „Geschichtsbewusstsein in der Gesellschaft“ ansiedeln, wenn man akzeptiert, dass Gesellschaften ihre Vergangenheit auf zweierlei Weise (bimodal) konstruieren, nämlich individuell und kollektiv. Geschichtsbewusstsein und Geschichtskultur werden dann als zwei Seiten einer Medaille begreifbar: auf der einen Seite Geschichtsbewusstsein als *individuelles* Konstrukt, das sich von außen nach innen, in Internalisierungs- und Sozialisationsprozessen aufbaut; auf der anderen Seite Geschichtskultur als *kollektives* Konstrukt, das auf dem entgegengesetzten Weg der Externalisierung entsteht und objektive[1] Gestalt annimmt. Wer nach Geschichtskultur fragt, der richtet seinen Blick also vornehmlich auf die Außenseite des gesellschaftlichen Geschichtsbewusstseins, wie es uns beispielsweise in Denkmälern, in historischen Festen und Jubiläen oder in Museen entgegentritt. Denkmäler sind „da“, auch wenn der Einzelne achtlos an ihnen vorbeigeht oder sie für ganz andere Zwecke, etwa als Treff- oder Aussichtspunkt, nutzt. Feste und Jubiläen werden nicht gefeiert, weil wir uns, jeder für sich, dafür entschlössen, sondern weil der Kalender und der auf ihn fixierte Erinnerungsbetrieb dies so wollen; unsere Museumslandschaft wird immer vielfältiger, obwohl die Mehrheit der Bevölkerung ihr immer noch fremd gegenübersteht. Gewiss: Denkmäler können geschleift, Feiertage abgeschafft, Museen geschlossen werden. Aber *solange* sie existieren, existieren sie unabhängig von unserem subjektiven Wollen und unserer persönlichen Wahrnehmung; sie weisen einen höheren Grad an Dauerhaftigkeit auf und sind beständiger als die historischen Vorstellungswelten Einzelner.

Bernd Schönemann, Geschichtsdidaktik, Geschichtskultur, Geschichtswissenschaft, in: Hilke Günther-Arndt (Hrsg.), Geschichts-Didaktik. Praxishandbuch für die Sekundarstufe I und II, Berlin 2003, S. 11-22, hier S. 17

1. Fassen Sie zusammen, wie individuelles und kollektives Geschichtsbewusstsein entsteht. | H
2. Geben Sie Beispiele für die „äußere Seite“ des Geschichtsbewusstseins aus dem Text wieder und ergänzen Sie weitere Beispiele, die Sie aus eigener Anschauung kennen.
3. Diskutieren Sie, wer auf welche Weise ganz konkret das kollektive Geschichtsbewusstsein prägt. Argumentieren Sie mithilfe von selbstgewählten Beispielen.

[1] Gemeint ist hier „materielle“.

Aleida und Jan Assmann.
Foto (Ausschnitt) vom Oktober 2018, Frankfurt am Main.

M4 Geschichts- und Erinnerungskultur

*Der Historiker Christoph Cornelißen (*1958) erörtert in einem Online-Aufsatz ausgehend von den Konzepten von Jan und Aleida Assmann (*1938/*1947) die Gemeinsamkeiten und Unterschiede von Geschichts- und Erinnerungskultur:*

Obwohl der Begriff „Erinnerungskultur" erst seit den 1990er-Jahren Einzug in die Wissenschaftssprache gefunden hat, ist er inzwischen ein Leitbegriff der modernen Kulturgeschichtsforschung. Während er in einem engen Begriffsverständnis als lockerer Sammelbegriff „für die Gesamtheit des nicht spezifisch wissenschaftlichen Gebrauchs der Geschichte in der Öffentlichkeit – mit den verschiedensten Mitteln und für die verschiedensten Zwecke" definiert wird, erscheint es aufgrund der Forschungsentwicklung der vergangenen zwei Jahrzehnte insgesamt sinnvoller, „Erinnerungskultur" als einen formalen Oberbegriff für alle denkbaren Formen der bewussten Erinnerung an historische Ereignisse, Persönlichkeiten und Prozesse zu verstehen, seien sie ästhetischer, politischer oder kognitiver Natur. Der Begriff umschließt mithin neben Formen des ahistorischen oder sogar antihistorischen kollektiven Gedächtnisses alle anderen Repräsentationsmodi von Geschichte, darunter den geschichtswissenschaftlichen Diskurs sowie die nur „privaten" Erinnerungen, jedenfalls soweit sie in der Öffentlichkeit Spuren hinterlassen haben. Als Träger dieser Kultur treten Individuen, soziale Gruppen oder sogar Nationen in Erscheinung, teilweise in Übereinstimmung miteinander, teilweise aber auch in einem konfliktreichen Gegeneinander.

Versteht man den Begriff in diesem weiten Sinn, so ist er synonym mit dem Konzept der Geschichtskultur, aber er hebt stärker als dieses auf das Moment des funktionalen Gebrauchs der Vergangenheit für gegenwärtige Zwecke, für die Formierung einer historisch begründeten Identität ab. Sehr deutlich wird dies in den untergeordneten Begriffen der Erinnerungs-, Vergangenheits- oder Geschichtspolitik. Weiterhin signalisiert der Terminus Erinnerungskultur, dass alle Formen der Aneignung erinnerter Vergangenheit als gleichberechtigt betrachtet werden. Folglich werden Textsorten aller Art, Bilder und Fotos, Denkmäler, Bauten, Feste, sowie symbolische und mythische Ausdrucksformen, aber auch gedankliche Ordnungen insoweit als Gegenstand der Erinnerungskulturgeschichte begriffen, als sie einen Beitrag zur Formierung kulturell begründeter Selbstbilder leisten. [...]

[Die Diskussion der letzten Jahre konzentriert sich] vor allem auf zwei weitere Schlüsselbegriffe. Hierbei handelt es sich zum einen um das „kommunikative" sowie zum anderen um das „kulturelle" Gedächtnis. Der erstgenannte Terminus bezieht sich auf die Erinnerung an tatsächliche beziehungsweise mündlich tradierte Erfahrungen, die Einzelne oder Gruppen von Menschen gemacht haben. Im Fall des kommunikativen Gedächtnisses ist die Rede von einem gesellschaftlichen „Kurzzeitgedächtnis", dem in der Regel maximal drei aufeinanderfolgende Generationen zuzurechnen sind, die zusammen eine „Erfahrungs-, Erinnerungs- und Erzählgemeinschaft" bilden können. Während diese im unaufhörlichen Rhythmus der Generationenabfolgen meist leise und unmerklich vergeht, wird das „kulturelle Gedächtnis" als ein epochenübergreifendes Konstrukt verstanden. Im Allgemeinen wird damit der in jeder Gesellschaft und jeder Epoche eigentümliche Bestand an Wiedergebrauchs-Texten, -Bildern und -Riten bezeichnet, „in deren ‚Pflege' sie ihr Selbstbild stabilisiert und vermittelt". Es ist „ein kollektiv geteiltes Wissen vorzugsweise (aber nicht ausschließlich) über die Vergangenheit, auf das eine Gruppe ihr Bewusstsein von Eigenheit und Eigenart stützt".

Nach: https://docupedia.de/zg/Erinnerungskulturen_Version_2.0_Christoph_Corneli%C3%9Fen (Zugriff: 28. April 2017; die Einzelnachweise wurden im Text entfernt)

1. Definieren Sie ausgehend vom Text folgende Begriffe: Erinnerungskultur, kommunikatives und kulturelles Gedächtnis.
2. Erklären Sie „kollektives Gedächtnis".
3. Diskutieren Sie, inwiefern es bedeutsam ist, zwischen Geschichts- und Erinnerungskultur zu unterscheiden.

1.2 Kernmodul: Historische Erinnerung

Geschichte ist überall? | „Vergangenheit" und „Geschichte" sind in unserer Gesellschaft unübersehbar. Alte Burgen, Schlösser, Kirchen und Rathäuser, Denkmäler und andere bauliche und gegenständliche Zeugnisse der Vergangenheit sind in unserem Alltag präsent. Schon in der Kindheit werden wir mit „Geschichte" konfrontiert: durch Spielzeug, wie Lego-Ritter, durch Zeichentrickserien, historische Kinderbücher, Comics und Filme. Auch wenn diese Angebote nur selten wissenschaftlichen Ansprüchen genügen – das ist nicht ihr Ziel oder ihre Aufgabe – schaffen sie doch erste Berührungspunkte mit der Geschichtskultur. Dies wurde seitens der Geschichtswissenschaft und -didaktik nicht immer nur als Chance begriffen, sondern auch kritisiert (→M1).

Im Schulfach Geschichte wird solchen Angeboten die wissenschaftsorientierte Beschäftigung mit Vergangenheit an die Seite gestellt. Zudem wird auch der Umgang mit geschichtskulturellen Angeboten thematisiert, nicht zuletzt weil diese wichtige Mittel sind, sich außerhalb von und nach der Schulzeit weiter mit Geschichte zu befassen.

Rattenfänger-Freilichtspiele in Hameln.
Foto von 2005.
Der Rattenfänger, hier gespielt von Jürgen Rinne, lockt mit seinen Flötenklängen die „Ratten" an. Von Mitte Mai bis Mitte September führen jeden Sonntag rund 80 bis 100 Laienschauspieler die Rattenfängersage in der Innenstadt von Hameln auf.

Merkmale historischer Narrationen | „Geschichte" entsteht nicht durch die bloße Aneinanderreihung von Fakten und Ereignissen. Chroniken und andere chronologische Auflistungen sind daher keine „Geschichte" im eigentlichen Sinn. Erst die sinnvolle Verknüpfung zeitdifferenter Ereignisse machen aus derartigen Fakten und Zahlen „Geschichte" (*Sinnstiftung*). Als solche sind sie erzählend, narrativ.

Geschichtserzählungen bzw. historische Narrationen unterscheiden sich von anderen Erzählformen durch bestimmte Merkmale. So lässt sich „Geschichte" nur im Rückblick konstruieren (*Retrospektivität*). Häufig stellt sich erst im Nachhinein heraus, dass ein Ereignis eine besondere Bedeutung hat oder in welchem Zusammenhang Ereignisse stehen. „Wir" blicken aus unserer Gegenwart in die Vergangenheit, kennen bereits den weiteren Verlauf und können daher solche Verknüpfungen herstellen. Dies ist auch ein grundlegender Unterschied zwischen Quellen, die zeitnah von den Zeitgenossen verfasst werden, und der nachträglichen Rekonstruktion und Deutung durch Historiker: Während der Zeitgenosse die Auswirkungen der Ereignisse nicht sicher vorhersagen, allenfalls vermuten oder befürchten kann, blickt der Historiker in Kenntnis möglicher Fortentwicklungen und Konsequenzen auf diese Zeit zurück.

Ein weiteres Merkmal historischer Narrationen ist die Intention des Verfassers. Hier sind unterschiedliche Sinnstiftungs- oder auch Erzählabsichten zu unterscheiden. In der Geschichtswissenschaft werden sie als traditionales, exemplarisches, genetisches oder kritisches Erzählen bezeichnet (→M2).

Historische Erzählungen „funktionieren" je nach Gattung ganz unterschiedlich (*Medialität*). So erzählt ein Geschichtsroman anders als eine Festrede oder eine Geschichtsdokumentation und dennoch wollen sie auf ihre je unterschiedliche Weise gesellschaftliche Geschichtsbedürfnisse befriedigen.

Formen von Geschichtskultur | Es ist vor allem die Aufgabe von Gedenkfeiern, Archiven und Museen, das „kulturelle Gedächtnis" aufzubauen, zu bewahren und der Öffentlichkeit zugänglich zu machen. Damit prägen sie das individuelle Geschichtsbewusstsein Einzelner und repräsentieren gleichzeitig Aspekte der kollektiven Geschichts- und Erinnerungskultur. Dass auch sie eine Auswahl der zu archivierenden und auszustellenden Quellen treffen müssen, ist nicht unproblematisch (➔M3).

Geschichtskulturelle Angebote bedienen ganz unterschiedliche Bedürfnisse. Vor allem, wenn sie sich an ein größeres Publikum richten oder im Unterhaltungssektor gegen andere Freizeitangebote behaupten wollen, tritt die Triftigkeit[1] der Darstellung häufig hinter unterhaltenden und dramatisierenden Elementen zurück. Fakten werden kreativ mit Fiktionen vermischt. Dies betrifft nicht nur Angebote wie Geschichtsspielfilme, -romane, -comics oder Brett- und Computerspiele historischen Inhalts. Auch andere Gattungen, die sich in ihrem Selbstverständnis wie auch in der öffentlichen Wahrnehmung als wissenschaftsorientiert verstehen, greifen zunehmend auf unterhaltende Elemente zurück. Das betrifft nicht nur Geschichtsdokumentationen, sondern auch Ausstellungen oder Reenactments wie Mittelaltermärkte, Ritterturniere oder Living History.[2]

Sehusafest.
Foto von 2014, Seesen.
Das Foto zeigt zwei Darsteller auf dem Sehusafest im niedersächsischen Seesen. Mit rund 1 000 Akteuren gilt es als größtes Historienfest Norddeutschlands. Das Sehusafest wird seit 1975 am ersten Wochenende im September aufgeführt und zeigt Szenen aus der Stadtgeschichte von Seesen.

Kritische Auseinandersetzung mit Geschichtsdarstellungen | Der Geschichtsdidaktiker *Hans-Jürgen Pandel* hat Bereiche definiert, die auf ihre Triftigkeit oder Authentizität untersucht werden können (➔M4). Es bleibt dennoch schwierig, die „Korrektheit" der Darstellung zu überprüfen. Da den meisten Menschen nicht zuzumuten ist, sich in ihrer Freizeit den oft nur schwer verständlichen Forschungsstand zu erarbeiten, müssen andere Wege aufgezeigt werden. Das Internet bietet hierzu zahlreiche Hilfestellungen, wenngleich die Nutzung nicht unproblematisch oder einfach ist. Rezensionen zu Ausstellungen, Reaktionen auf Gedenkfeiern und Jubiläen oder populärwissenschaftliche Fachbücher bzw. Geschichtsmagazine können dabei hilfreich sein. Wichtig ist zudem, die jeweiligen Angebote auf ihre Sinnstiftungsintention zu untersuchen. Dies gibt Hinweise darauf, ob es sich eher um geschlossene oder offene Darstellungen handelt. Das meint Darstellungen, die mit einem nicht zu hinterfragenden Wahrheitsanspruch auftreten, bzw. solche, die deutlich machen, dass sie das Ergebnis von Interpretationen sind, die kritisch überprüft und diskutiert werden sollen. Traditional intendierte Angebote entziehen sich z.B. in der Regel der Kritik und Überprüfung, weil es ihre Aufgabe ist, Traditionen zu begründen oder zu pflegen, und nicht, sie infrage zu stellen.

Grundsätzlich folgt eine kritische Auseinandersetzung mit Geschichtsdarstellungen dem aus dem Geschichtsunterricht bekannten kritischen Verfahren, das bei der Quellenanalyse angewendet wird: Wer erzählt wann wem wie was warum? Allein schon das Nachdenken darüber, was ein Film, eine Ausstellung oder ein Internetangebot mit der Darstellung bezwecken könnte, kann helfen, sich in kritische Distanz zum Dargestellten zu setzen. Im Idealfall wird hierdurch Neugier geweckt, die dazu führt, dass sich ein Betrachter näher mit der Thematik befasst.

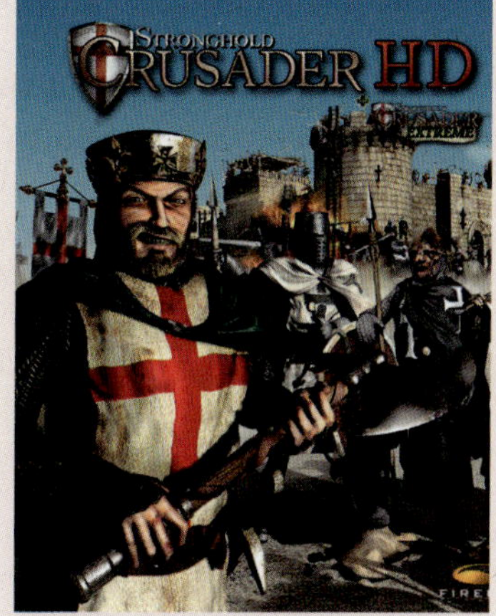

Cover des Computerspiels „Stronghold Crusader".
In dem 2002 veröffentlichten Strategiespiel kann der Spieler in die Rolle eines christlichen oder muslimischen Fürsten zur Zeit der Kreuzzüge schlüpfen.

[1] Über den Begriff „Triftigkeit" informiert Seite 9.
[2] Siehe die Abbildungen auf Seite 14 und 15.

M1 Geschichte und Öffentlichkeit

Der Geschichtsdidaktiker Karl-Ernst Jeismann (1925–2012) hält 1998 einen Vortrag, in dem er sich mit dem Verhältnis von Geschichte und Öffentlichkeit auseinandersetzt:

Überall ist Geschichte wieder präsent. Wie sich ein ausgetrockneter Schwamm vollsaugt, so füllt Historisches heute unsere Umwelt. Geschichte hat Marktwert bekommen. Wo es Anlässe gibt, bilden sich große und kleine Geschichtsbetriebe. Dies Phänomen einer neuen Geschichtsbegierde brachte eine Unzahl neuer Museen, die das Abgelöste in Erinnerung zu halten versuchen. [...] Ein museales Netz repräsentiert in der Öffentlichkeit Vergangenheit in vielfältiger Form. Geschichte wird zum Freizeitvergnügen. [...]
Und nun gar die Medien: Die Serien zum Zweiten Weltkrieg, zum Nationalsozialismus, aber auch zur frühen Bundesrepublik erfreuen sich großer Zuschauerzahl und intensiver Besprechungen in den Zeitungen; die Computerspiele mit historischen Themen schießen ins Kraut.
Schließlich die Denkmäler: Sie sind heute wieder ein ernstgenommenes Medium historischer Anreicherung der Umwelt. Und nun erst die Erinnerungsfeiern: Jeder Ort, der etwas auf sich hält, präsentiert seine Geschichte öffentlichkeitswirksam. [...]
Für jedermann ist die Vergangenheit ein Gegenstand der Neugierde auf dem Spektrum von Schaulust, Sentimentalität, Wissbegier, Nachdenklichkeit. Es wirkt die Faszination des zeitlich Fremden, in dessen Gewand man einmal schlüpfen möchte. [...]
Es demonstriert aber die Lust an der Geschichte, das spielerische Umgehen mit ihr und eine Annäherung durch Nachahmung. Ernsthafter, ohne die Nebenabsicht, sich selbst durch das Medium der Geschichte in Szene zu setzen, sind Begegnungen mit echten Überresten – an dieser Stelle liegt das Beispiel Kalkriese nahe, wo u.a. eine originale römische Steinschleuder in Aktion zu sehen war. [...]
Historische Neugier sucht das zeitlich Ferne, das Andere, oft das Kuriose. Viel nachhaltiger treibt die Frage nach der eigenen Geschichte die Menschen zur Suche nach Überresten, Zeugnissen oder Erzählungen, die sie selbst betreffen. Mit dem Stichwort der Identitätsbildung oder Identitätswahrung durch öffentliche Darstellung von Geschichte kommen wir aus dem bunten Vordergrund vielfältiger Begegnungen mit Geschichte in ein schwieriges Feld. [...] Subjektive Identität, Ich-Identität, die uns Gewissheit darüber gibt, wer wir sind, wo wir herkommen und hingehören nach Ort und Zeit, wie wir urteilen und handeln, ist immer verbunden mit sozialen, kollektiven Identitäten, d.h. mit dem Willen und der Fähigkeit von Gruppen, sich selbst als etwas Besonderes, Eigentümliches zu erkennen, damit auch abzugrenzen von anderen und allen Mitgliedern einen im Kern gemeinsamen, anerkannten Kanon von Vorstellungen, Gewissheiten und Lebensformen zu vermitteln. [...] Wie der Einzelne sich selbst in seiner persönlichen oder Familiengeschichte wiederfindet, so finden sich Völker und Gesellschaften in der Geschichte allgemein. [...] Deshalb ist Vergewisserung der eigenen Geschichte immer mehr als Neugier oder Spiel; sie ist eine Existenzbeglaubigung von Gemeinschaften. Sie muss gezeigt und bezeugt, öffentlich sichtbar werden durch Erinnerungs- und Bestätigungsrituale: Symbole, Erzählungen, Lieder, Feiern. [...]
Bei solchen Feiern oder demonstrativen Gemeinsamkeiten geschieht nun immer auch die Auslöschung anderer Erinnerungen im gleichen Kontext. Die Fragwürdigkeiten und Gräuel der Französischen Revolution [...] werden bei dieser kollektiven Vereinnahmung der Geschichte durch eine fröhlich feiernde Öffentlichkeit ebenso verdrängt wie die Vernichtung, Umsiedlung oder Dekulturation der Indianerstämme infolge der Entstehung der USA.
Hier stoßen wir auf eine Problematik des Umgangs der Öffentlichkeit mit ihrer Geschichte. Sie ist in hohem Maße selektiv, verkürzt, manchmal bis zur Verfälschung. Erinnerung wird zur Schauseite, zum Mythos, darf nicht kritisiert werden. [...]
Historische Fundamente der Identität werden lebenslang gegründet – kurzfristiger greifen Legitimationsstrategien auf die Öffentlichkeit zu. Hier wird Geschichte benutzt, um gegenwärtige Ansprüche oder Entscheidungen zu rechtfertigen. [...] Ihr wichtigstes Medium sind politische Reden, Broschüren, Weiß-, Rot- oder Schwarzbücher. Es gibt Untersuchungen dieses Phänomens, die zeigen, dass Geschichte in dieser Funktion in der Öffentlichkeit immer wieder eingesetzt wird, sei es als gezielte politische Strategie der Meinungsbeeinflussung, sei es als Erklärung bestimmten Verhaltens im Großen wie im Kleinen. Ansprüche auf Land und Herrschaft werden so gerechtfertigt [...]. [...]
Das wichtigste Instrument des Argumentierens mit Geschichte ist das historische Exempel. Der ungeheure Vorrat an Geschichte dient als Beispielsammlung zum überzeugenden Beweis für die Richtigkeit dieses oder jenes Handelns oder Urteilens. Historie als das Archiv von Erfahrungen, aus denen zu lernen ist: Das leuchtet unmittelbar ein. [...]
Ebenso eindrucksvoll, dabei aber stärker auf historisches Wissen spekulierend ist die Konstruktion von Analogien und Kontinuitäten, so [...] wenn im Dienste der gewollten europäischen Einigung die europäische Gemeinsamkeit durch die Jahrhunderte aufgedeckt oder beschworen wird und als eine aufsteigende Linie erscheint, die notwendig zum Zusammenschluss führen müsse. [...]
Es ist eine Strategie der Überredung der Öffentlichkeit zu bestimmten Denkweisen und Handlungen, aber auch eine Verführung für den so Argumentierenden selbst. Dieser Gebrauch von Geschichte ist immer problematisch, operiert nur mit Halb- oder Teilwahrheiten, verkennt, dass Geschichte nicht das immer Gleiche, sondern das sich immer Wandelnde ist – und trotzdem bleibt dieser Umgang mit ihr offenbar eine unvermeidliche Art, historische Erfahrung auf die Gegenwart zu beziehen.

Karl-Ernst Jeismann, Geschichte und Öffentlichkeit. Historie zwischen Vergewisserung und Verführung, herausgegeben vom Landschaftsverband Osnabrücker Land e.V., Bad Iburg 1999, S. 1–36

1. Präsentation: Überlegen Sie vor der Quellenlektüre, welche „Formen" von Geschichte Sie aus dem öffentlichen Raum kennen. Erstellen Sie eine Tabelle, in der Sie diese Geschichtsangebote auflisten. Legen Sie eine Spalte mit dem Oberbegriff „Funktion" an.
2. Fassen Sie die wesentlichen Argumente Jeismanns bezüglich des Verhältnisses von Geschichte und Öffentlichkeit in eigenen Worten zusammen. | H
3. Geben Sie die von Jeismann genannten Formen von Geschichte wieder. Vergleichen Sie sie anschließend mit den von Ihnen vor der Lektüre aufgeführten Beispielen (siehe Aufgabe 1).
4. Ergänzen Sie Ihre Tabelle um die von Jeismann genannten Aspekte und Beispiele. Beurteilen Sie ihre jeweilige Funktion.

M2 Erzähltypen nach Rüsen

*Auf dem Wiki der Pädagogischen Hochschule Karlsruhe fasst ein Autorenteam die Erzähl- und Sinnbildungstypen nach Jörn Rüsen (*1938) zusammen:*

1. Traditionelles Erzählen / traditionale Sinnbildung
[...] Geschichten, die dem traditionellen Erzählen angehören, erinnern an „verpflichtende Ursprünge" [...] und „an ihre ständige Durchsetzung, Wiederkehr und Resistenz im Wandel der Zeit" (Kontinuität der Ursprünge). Nach Rüsen ist der Ursprungsmythos eine besonders „reine Form dieses Typs". Andere Beispiele wären Stiftungsgeschichten, Herrschaft legitimierende Genealogien, Rückblicke in Jubiläen(reden). Die traditionale Sinnbildung übersieht dabei den Wandel der Verhältnisse über die Zeit. „Alles" bleibt demnach „beim Alten. Dinge die einmal erreicht wurden gelten als weiterhin gültig, Verlorenes als unwiederbringlich." [...]
2. Exemplarisches Erzählen
Die exemplarische Sinnbildung gilt als komplexer als die traditionale Sinnbildung, da sie Veränderungen im Wandel der Zeit anerkennt. Diese Veränderungen werden als Wandel zwischen verschiedenen Fällen derselben Art verstanden. Das heißt Einzelfälle sind nur Beispiele für eine allgemeingültige Regel. Diese Regel gilt überzeitlich. Aus der Betrachtung von einzelnen oder mehreren Fällen, die auf eine Regel abzielen, kann man somit für die Zukunft lernen. [...] Exemplarisches Erzählen erinnert somit an Sachverhalte der Vergangenheit, die Regeln gegenwärtiger Lebensverhältnisse konkretisieren. Kontinuität wird hierbei als Geltung dieser Regeln vorgestellt. Exemplarische Erzählungen sind durch die klassische Devise „historia magistra vitae"[1] charakterisiert, d.h. als Vorbildergeschichten Regelwissen und eine „Moral" vermitteln. Im Grunde genommen bleibt auch hier alles beim Alten. Beispiele für exemplarisches Erzählen sind Geschichten, die von Herrschertaten erzählen und Regeln des klugen Herrschens [...]. Das traditionale und das exemplarische Erzählen entsprechen dem Anforderungsbereich der Reproduktion.
3. Kritisches Erzählen
Kritische Erzählungen stellen Abweichungen dar, die gegenwärtige Lebensverhältnisse infrage stellen, d.h., bestehende Orientierungen und Vorstellungen werden aufgrund gegenteiliger Erfahrungen im Umgang mit vergangenem Material außer Kraft gesetzt. Hier spricht man eher von einer „Anti-Kontinuität", die sich als Veränderung vorgegebener Kontinuitätsvorstellungen in Form von Abgrenzung, Abweisung oder strikter Negation von Standpunkten zu verstehen gibt. Es kommt zum Bruch von Kontinuität. [...] Es sollen alternative Möglichkeiten aufgezeigt werden und eingefahrene historische Klischees widerlegt werden, indem empirisch auf widersprechende Erfahrungen verwiesen wird. Damit leugnet die kritische Sinnbildung, dass es eine allgemeingültige Regel, wie beim exemplarischen Erzählen gibt. [...] Das kritische Erzählen entspricht in der Schule dem Anforderungsbereich der Reorganisation, dieser beinhaltet das selbstständige Erklären und Anwenden von Gelerntem und dessen Transfer.
4. Genetisches Erzählen
Die genetische Sinnbildung stellt die zeitliche Veränderung der historischen Deutungsarbeit in den Mittelpunkt. Genetisches Erzählen „erinnert an qualitative Veränderungen in der Vergangenheit, die andere und fremde Lebensverhältnisse in eigene münden lassen". [...] Es wird versucht den Zusammenhang zwischen Vergangenheit, Gegenwart und Zukunft herzustellen, damit eine „gerichtete Veränderung" angenommen werden kann. Kontinuität tritt hier als Entwicklung ins Bild mit dem Ziel, die Richtungen dieser Veränderungen zu erkennen. In diesem Zusammenhang bedeutet historische Orientierung zu erkennen, in welche „Richtung" sich die Verhältnisse geändert haben, und diese Entwicklung in der Zukunft ermitteln zu können. Als kategoriale Beispiele sind bei der genetischen Sinnbildung die Entwicklung oder der Fortschritt zu nennen [...].
Nach Rüsen treten seine Sinnbildungstypen nie in Reinform auf, sondern immer in charakteristischen Kombinationen bzw. Mischformen, wobei eine dominant sei.

Nach: http://geoges.ph-karlsruhe.de/mhwiki/index.php5/Narration_Grundlagen (Zugriff: 28. April 2017; die Einzelnachweise wurden im Text entfernt)

1. Fassen Sie die Hauptmerkmale der vier Erzähltypen in eigenen Worten zusammen.
2. Arbeiten Sie heraus, welche Erzähltypen bzw. Sinnbildungsmuster Ihr Geschichtsschulbuch oder ein anderes geschichtskulturelles Angebot bietet. Begründen Sie.
3. Partnerarbeit: Welches Sinnbildungsmuster von „Geschichte" erscheint Ihnen am wichtigsten? Erörtern Sie Ihnen bekannte Beispiele.

[1] **historia magistra vitae**, dt. Übersetzung: Geschichte (ist) Lehrmeisterin des Lebens

M3 Sammeln und bewahren – nur was und was nicht?

Museen und Archive stellen aus, bewahren und sammeln nach Schwerpunkten. Die Stiftung Haus der Geschichte der Bundesrepublik Deutschland informiert im Internet über sein Sammlungskonzept:

1986 beginnt die Stiftung Haus der Geschichte mit dem Aufbau zeithistorischer Sammlungen. Aufgenommen werden Objekte, die sich eignen, um Zeitgeschichte materiell zu dokumentieren und auszustellen: Gebrauchsgegenstände, Dokumente, Filme und andere Medien, Zeitschriften, Maschinen, Möbel, Textilien und vieles mehr. Heute umfassen unsere Sammlungen 1 Million Objekte. Neben materiellen Objekten sammelt die Stiftung zunehmend auch digitale Objekte.
Mindestens drei Kriterien sind ausschlaggebend dafür, ob ein Gegenstand, Dokument oder Medium Teil unserer Sammlung wird: Ist das Objekt typisch für seine Zeit (z. B. eine FDJ-Bluse) oder absolut einmalig (wie etwa der „Schabowski-Zettel")? Ist es drittens mit einer besonderen Aussagekraft verbunden? Immer gilt, dass vor allem diejenigen Objekte spannend sind, die für sich selbst oder im Zusammenhang mit anderen eine Geschichte erzählen. Der Seesack etwa, den Elvis Presley 1958 zu Beginn seines Wehrdienstes in die Bundesrepublik mitbringt, steht für die Bedeutung der amerikanischen Popkultur in Deutschland und für einen Aspekt des Kalten Krieges. Und für Elvis-Fans hat er darüber hinaus eine besondere emotionale Bedeutung!
Die Sammlungstätigkeit ist eine wichtige Grundlage unserer musealen Arbeit in Bonn, Leipzig und Berlin. Wir tragen dazu bei, ein „kulturelles Gedächtnis" unserer Gesellschaft mit aufzubauen. Unsere Aufgabe ist, das zeitgeschichtliche Geschehen aufmerksam zu verfolgen, dessen Einbeziehung jüngerer geschichtlicher Ereignisse in die Ausstellung zu prüfen, Sammlungsbereiche zu erweitern und infrage kommende Objekte zu sammeln. Als Museum für deutsche Zeitgeschichte sammeln wir Objekte von 1945 bis heute entlang der Ausstellungsthemen – auch nach dem Grundsatz „Von der Straße ins Museum".
Für uns heißt das: Ob Flüchtlingskrise, „Brexit" oder deutscher WM-Titel, wir bewerten, welche aktuellen Entwicklungen zeitgeschichtlich relevant werden können und übernehmen Objekte für unsere Sammlung, die eine damit verbundene Geschichte erzählen.

Nach: www.hdg.de/haus-der-geschichte/sammlung/ (Zugriff: 30. Juli 2018)

1. Beschreiben Sie die wichtigsten Aspekte der Sammlungstätigkeit des Hauses der Geschichte.
2. Erläutern Sie die drei Kriterien, nach denen das Haus der Geschichte seine Objekte auswählt.
3. Erörtern Sie, welche Überlieferungslücken durch die Schwerpunktbildung entstehen könnten.
4. Diskutieren Sie in der Klasse Möglichkeiten und Grenzen von Museen, das kulturelle Gedächtnis aufzubauen.
5. Verschaffen Sie sich über die Suchmaske des Internetauftrittes vom Haus der Geschichte einen Überblick über die gesammelten Materialien. Wählen Sie eigene Objekte zu verschiedenen Kategorien aus und schlagen Sie sie dem Haus der Geschichte zur Aufbewahrung / zukünftigen Ausstellung vor. Begründen Sie Ihre Vorschläge nach den im obigen Text angegebenen Auswahlkriterien.

M4 Wahrheit der Fiktion

*Am Beispiel von Jugendbüchern zum „Dritten Reich" differenziert der Geschichtsdidaktiker Hans-Jürgen Pandel (*1940) fünf Typen, nach denen der „Wahrheitsgehalt" bzw. der Authentizitätsgrad von Geschichtserzählungen untersucht werden kann:*

a) Faktenauthentizität
Ein Jugendbuch ist fakten- und ereignisauthentisch, wenn die geschilderten Personen wirklich gelebt und die erzählten Ereignisse tatsächlich vorgefallen sind. [...] Eine solche Faktenauthentizität, bei der die Existenz aller Personen und die Tatsächlichkeit jedes Ereignisses dokumentarisch gesichert ist, würde es nicht erlauben, ein fiktives Buch zu schreiben, das zugleich anschaulich und spannend ist. Zu dürftig wäre die schriftstellerische Gestaltungsmöglichkeit, wenn der Autor nur solche Figuren aufnehmen könnte und Ereignisse berichten dürfte, für die ihm Quellenbelege vorliegen. Zu lückenhaft sind zudem Alltagsszenen, menschliche Gefühlslagen, Fantasien und Gedanken in den Quellen repräsentiert; zu unergiebig sind die vorliegenden Quellen, um Anschaulichkeit zu erzeugen. Die fiktive Darstellung muss mit der Faktenauthentizität großzügiger umgehen können, wenn sie ihre Arbeit ernst nimmt. Allerdings sind ihr dabei auch enge Grenzen gesetzt.
Sie darf die historische Situation, in der die Geschichte spielt, nicht abändern, die Periodisierungen dürfen nicht verschoben werden und die Ereignisabläufe der historischen Großchronologie muss unverändert erhalten bleiben, die Mentalitäts- und Interessenlagen sozialer Gruppen müssen dem Forschungsstand entsprechen.

b) Typenauthentizität
Ein Jugendbuch ist typenauthentisch, wenn es die dargestellten Personen zwar nicht als individuelle Personen, aber doch als Typus gegeben hat. Auch Ereignisse müssen sich

nicht ereignet haben, aber das geschilderte Ereignis muss einen typischen, damals wiederholt vorgekommenen Ereignistyp schildern. [...]

c) Erlebnisauthentizität

Ein Jugendbuch ist erlebnisauthentisch, wenn die dargestellten inneren Erfahrungen subjektiv authentisch sind. Sie sind dann authentisch, wenn der Erzähler die geschilderten Erfahrungen, Gefühle und Gedanken in der erzählten Situation tatsächlich gehabt hat. [...]
Erlebnisauthentizität ist kaum mit den üblichen historischen quellenbezogenen Mitteln nachzuweisen. Eine solche Erlebnisauthentizität verlangt daher Informationen über die Biografie eines Autors oder der Autorin, die ihre inneren Erlebnisse wiedergibt. Die Fakten- und Typenauthentizität darf in solchen Erzählungen großzügiger gehandhabt werden. Ihr muss man sogar einen größeren Spielraum einräumen, da seine Gefühle, Assoziationen und Fantasien die Logik von Raum und Zeit und die Gesetze der Rationalität durchbrechen. [...]

d) Quellenauthentizität

Die Forderung nach Authentizität kann sich auch auf ein Buch als Ganzes richten. Es handelt sich dann um Bücher, deren Texte oder Bilder zu derjenigen Zeit entstanden sind, über die dieses Buch berichtet. Die bekanntesten Prosabeispiele für diesen Typ der Authentizität sind die Tagebücher der Anne Frank [...]. Es sind die Bücher, die insgesamt eine Quelle sind, weil sie während der Zeit, über die sie Auskunft geben, entstanden sind. Ein Buch ist quellenauthentisch, wenn der gesamte Buchtext ein quellenauthentischer Text ist. Den Beweis ihrer Quellenauthentizität treten diese Bücher meist dadurch an, dass sie Faksimiles[1] der Originalseiten mitdrucken. [...]

e) Repräsentationsauthentizität

Die Authentizität des erzählten Zusammenhangs kann durch die Auswahl der Ereignisse erreicht, aber verfehlt werden, die in die Geschichte eingehen. Die in einem Jugendbuch dargestellten Ereignisse und Schicksale müssen sich in die Hintergrundnarrativität der bekannten Geschichte des Dritten Reiches einordnen lassen, ohne zu ihr in Widerspruch zu treten. Die geschilderten Ereignisse und Situationen müssen in dem Sinne exemplarisch sein, dass sie Schicksale repräsentieren, die häufig vorgekommen sind. Der geschilderte Ereigniszusammenhang, der zwar individuelle und unverwechselbare Personen zeigt, muss dennoch von allgemeiner Gültigkeit sein. Er soll für viele Schicksale stehen und darf nicht so einmalig sein, dass er nur auf ein einziges Leben zutrifft. Viele Zeitzeugen müssen sagen können: So etwas Ähnliches habe ich auch erlebt, und so etwas ist oft vorgekommen. Erst wenn die geschilderten Ereignisse exemplarisch für den Ereigniskomplex Holocaust sind, erhalten sie Plausibilität und die dargestellte Geschichte Gültigkeit.
Die Vielfalt der Authentizitätsformen macht deutlich, dass es die einfache antagonistische[2] Gegenüberstellung von Fiktion und Wahrheit nicht gibt. Wenn historische Jugendbücher geschichtliche Themen aufgreifen, müssen sie auf einer der genannten Authentizitätsebenen Wahrheitsansprüche einlösen, sonst bringen sie sich um die Chance, einen Bezug zur historischen Wirklichkeit herzustellen. Kein historisches Jugendbuch wird allen Authentizitätsansprüchen gleichzeitig nachkommen wollen [...].

Hans-Jürgen Pandel, Die Wahrheit der Fiktion. Der Holocaust im Comic und Jugendbuch, in: Bernd Jaspert (Hrsg.), Wahrheit und Geschichte. Vom Umgang mit deutscher Vergangenheit, Hofgeismar 1993, S. 72–108, hier S. 92–104

1. Geben Sie die Merkmale der verschiedenen Authentizitätsbereiche stichpunktartig wieder. | F

2. Diskutieren Sie an einem selbstgewählten Beispiel, welche Probleme für Geschichtsproduzenten auftreten, wenn sie für ihre Darstellung eine größtmögliche Authentizität erreichen wollen.

3. „Typenauthentizität" heißt auch, dass die handelnden Figuren ihrer Zeit gemäß typisch denken, handeln und sprechen. Erörtern Sie, welche Probleme ein Romanautor oder ein Filmemacher haben kann, wenn er eine Geschichtsdarstellung der Antike oder des Mittelalters vorhat. Entwickeln Sie Lösungsvorschläge und diskutieren Sie sie in der Klasse. | H

[1] **Faksimile:** originalgetreue Nachbildung einer Vorlage

[2] **antagonistisch:** gegensätzlich

Orientierung

1.3 Pflichtmodul: Mythen

Das Kapitel beschäftigt sich inhaltlich mit ...

ausgewählten Beispielen von Mythen

der Analyse und Dekonstruktion der Inhalte und Intentionen von Mythen

der Rekonstruktion

Der Begriff „Mythos" hat für die Historikerinnen und Historiker eine doppelte Bedeutung: Er weist zum einen auf eine Verfälschung von Tatsachen oder zum anderen auf eine sinnstiftende Erzählung hin. Eine „gefälschte" Geschichte kann von der Geschichtswissenschaft einfacher erkannt und widerlegt werden als zu Mythen gewordene Geschichten. Ihnen kommen die Fachwissenschaftlerinnen und Fachwissenschaftler nur näher, wenn sie diese sinnstiftenden Erzählungen ebenfalls dekonstruieren, das heißt die angegebenen Tatsachen prüfen und der Frage nachgehen, warum und wieso an ein bestimmtes Ereignis erinnert wurde und wird. Ausgangspunkt für eine umfassende und gründliche Untersuchung dieser Mythen sind oft sogenannte „Erinnerungsorte". Das können beispielsweise Daten, ein Motto, ein bestimmter Ort oder ein Personenname sein.

Mythen spielen eine wichtige Rolle, um politische Ansprüche zu begründen und Menschen zu mobilisieren. Das Verständnis dafür, einer bestimmten Nation anzugehören, wird davon beeinflusst, wie und wo in der Gegenwart an die gemeinsame Vergangenheit erinnert wird. Grundlage der politischen Mythen sind eingängig erzählte Geschichten, die zum kulturellen Gedächtnis einer Gesellschaft zählen und politische Ansprüche begründen halfen. Sie interpretieren die Vergangenheit, idealisieren bestimmte Aspekte und verschweigen Schattenseiten. Zu den politischen Mythen gehören auch symbolische Handlungen. So werden nationale Gefühle geweckt, wenn die Nationalhymne zu hören und die -flagge zu sehen ist oder wenn ein Nationalfeiertag festlich begangen wird. Auch diese symbolischen Handlungen beruhen oft auf politischen Mythen. Sie drücken eine gemeinsame Übereinstimmung, eine „kollektive Identität" zwischen den Bürgerinnen und Bürgern und ihrem Staat aus. Damit wird deutlich, dass eine nationale Identität nicht nur etwas mit der gemeinsamen Herkunft, dem gemeinsamen Staatsgebiet und Recht, der gemeinsamen Sprache und Religion der Menschen zu tun hat, sondern auch das Ergebnis einer sozialen Konstruktion ist. Herrschende und Regierende können politische Mythen nutzen, um ein Gemeinschaftsgefühl zu erzeugen oder um ihre Macht zu rechtfertigen.

Mythos Europa.
Rückseite der griechischen Zwei-Euro-Münze von 2002.
Die Münze nimmt Bezug auf den antiken Europa-Mythos. In ihm verliebt sich der griechische Göttervater Zeus in die Königstochter Europa (aus Phönikien, heute Libanon) und entführt sie, verwandelt als Stier, auf die Insel Kreta.

▶ Beschreiben Sie die dargestellte Szene auf der Münze.

▶ Erklären Sie, warum sich Griechenland wohl für dieses Motiv auf der Münze entschieden hat.

▶ Präsentation: Recherchieren Sie im Internet und/oder in der Fachliteratur weitere Mythen. Stellen Sie anschließend ein ausgewähltes Beispiel in einem Kurzreferat vor, in dem Sie auf den Inhalt und die Intention des jeweiligen Mythos eingehen.

9 n. Chr. — Der Cheruskerfürst **Arminius** und eine Koalition aus germanischen Gruppen sollen im Teutoburger Wald das Heer des römischen Feldherrn **Varus** vernichtend geschlagen haben. — **Arminius**

um 100 n. Chr. — Der römische Geschichtsschreiber **Tacitus** verfasst sein Werk „Germania", in dem er Arminius zum „Befreier Germaniens" erklärt.

Beginn des 19. Jhs. — Arminius/Hermann wird zur Leit- und Vorbildfigur der nationalen Erhebung gegen die französische Fremdherrschaft.

1. Hälfte des 20. Jhs. — In der Weimarer Republik wird der „Hermannsmythos" vor allem gegen die Republik und ihre Vertreter instrumentalisiert. Die Nationalsozialisten verbinden den Mythos mit ihrer germanischen Rassenideologie.

1410 — In der **Schlacht bei Tannenberg** (poln. Grunwald) besiegen litauisch-polnische Truppen das Heer des Deutschen Ordens. — **Tannenberg/Grunwald**

19. Jh. — Die Schlacht entwickelt sich zum polnischen Nationalmythos.

1914 — Bei den Masurischen Seen wird eine russische Armee von deutschen Truppen geschlagen. Nach dem Vorschlag **Paul von Hindenburgs** wird die Schlacht nach dem Ort Tannenberg benannt.

14.7.1789 — In Paris wird die **Bastille** gestürmt. Sie versinnbildlicht den Despotismus des Ancien Régime. — **Der 14. Juli**

1790 — Am Jahrestag des Sturms auf die Bastille findet auf dem Pariser Marsfeld ein „**Fest der Föderation**" statt.

1880 — Der 14. Juli wird zum französischen **Nationalfeiertag** erklärt.

Oktober 1917 — **Oktoberrevolution** (25. Oktober/7. November): **Wladimir I. Lenin** und die Bolschewiki übernehmen die Macht. Russland wird zu einer Räterepublik (Sowjetrepublik). — **Oktoberrevolution**

1918 — Sowjetrussland begeht erstmals den 7. November als Feiertag zum Gedenken an die „Große Sozialistische Oktoberrevolution".

1924 — Mit dem Tod Lenins entsteht erstmals ein Personenkult um den ersten sowjetischen Staatschef. Der Gründungsmythos der „Oktoberrevolution" wird um eine Helden- und Vaterfigur erweitert.

---

nach 1945 — Ein Mythos entsteht: „**Trümmerfrauen**" hätten die im Zweiten Weltkrieg zerstörten deutschen Städte wiederaufgebaut, indem sie Berge von Trümmern und Schutt beseitigten. — **Trümmerfrauen**

seit den 1950er-Jahren — In der DDR gelten die „Trümmerfrauen" als positive Identifikationsfiguren.

seit den 1980er-Jahren — In der Bundesrepublik Deutschland werden die „Trümmerfrauen" Teil des Gründungsmythos.

---

nach 1990 — Eine nostalgische Wahrnehmung der DDR-Vergangenheit erfasst Teile der Bevölkerung in den neuen Bundesländern. Diese „**Ostalgie**" (Wortzusammensetzung aus „Osten" und „Nostalgie") zeigt sich u.a. in speziellen Motto-Partys und dem Verkauf von DDR-Produkten. — **Ostalgie**

2000er-Jahre — Die „Ostalgie-Welle" erreicht in den frühen 2000er-Jahren mit zahlreichen Fernsehshows und Kinospielfilmen einen Höhepunkt.

Arminius – „Gründungsvater" der Deutschen?

Arminius und die Varusschlacht | Noch heute ist das Hermannsdenkmal[1] in Nordrhein-Westfalen ein beliebtes Ausflugsziel. Tausende pilgern an jedem Sommerwochenende nach Hiddesen nahe Detmold im südlichen Teutoburger Wald, um die Grotenburg zum Denkmal hinaufzuwandern. Sein Erbauer *Ernst von Bandel* wollte damit an den Sieg der **„Germanen"** über die Römer im Teutoburger Wald erinnern. Dort sollen im Jahr 9 n. Chr. der Cheruskerfürst *Arminius*, „Hermann" genannt, und die vereinten germanischen Stämme das Heer des römischen Statthalters *Publius Quinctilius Varus* vernichtend geschlagen haben.

Seit etwa 16 v. Chr. unternahmen die Römer Militärzüge bis an die Nordsee, Weser und Elbe, errichteten Militäranlagen und Stützpunkte, um das germanische Gebiet rechts des Rheins zu befrieden und zu sichern. Bald entstanden zivile Siedlungen, allmählich wurde das Gebiet zwischen Weser und Rhein römischer Verwaltung unterstellt. Aus „Germanien" sollte eine römische Provinz werden.

Arminius war der Sohn eines römerfreundlichen cheruskischen Stammesfürsten. Um sich die Loyalität dieser führenden Familien zu sichern, verliehen ihnen die Römer das Bürgerrecht. Ihre Söhne – so auch Arminius – wurden oft im Reich erzogen und ausgebildet. Als Anführer cheruskischer Hilfstruppen machte Arminius im römischen Heer eine militärische Karriere. Nach seiner Rückkehr nach Germanien 7/8 n. Chr. führte er einen Aufstand gegen die römischen Besatzer an. Er lockte drei Legionen des römischen Feldherrn Varus in einen Hinterhalt. In einem dreitägigen Kampf soll Rom etwa 20 000 Mann verloren haben. Varus beging nach der verheerenden Niederlage Selbstmord.

Was wir über die „Germanen", Arminius und die „Schlacht im Teutoburger Wald" wissen, wissen wir nur aus antiken römischen Schriften (➔M1 und M2). Schriftliche Quellen der „Germanen" gibt es nicht. Wo genau die unter Arminius vereint kämpfenden germanischen Völker den Sieg über die Römer errangen, ist bis heute umstritten. Der römische Geschichtsschreiber *Tacitus* nennt den Teutoburger Wald als Ort der *Varusschlacht*. Dort, wo heute das Hermannsdenkmal steht, fand sie jedoch mit Sicherheit nicht statt. Archäologinnen und Archäologen konnten dort keinerlei Spuren eines Kampfes finden. Stattdessen weisen römische und germanische Funde immer deutlicher auf Kalkriese bei Osnabrück als Ort einer großen Schlacht dieser Zeit hin. Ob es sich dabei um die Varusschlacht handelt, darüber sind sich die Forscherinnen und Forscher allerdings nicht einig.

„Germanen": Die Römer bezeichneten alle Zivilisationen, die sie als unterlegen ansahen, als Barbaren, d. h. wörtlich als unzivilisierte Menschen, die eine unverständliche Sprache sprechen. Dazu gehörten u. a. Kelten, Skythen und Germanen. Der von ihnen bewohnte Raum ist das „Barbaricum". Der Begriff „Germanen" ist eine Sammel- und Fremdbezeichnung der Römer für einen Teil dieser Barbaren, nämlich die nördlich der römischen Grenzen bis zur Nord- und Ostsee lebenden, in eine Vielzahl von Stämmen aufgeteilten Gruppen.

Internettipp
Der Ort der „Varusschlacht" im Teutoburger Wald wird von der Forschung heute in Kalkriese bei Osnabrück lokalisiert. Weitere Informationen finden Sie unter dem Code **32036-24**.

Arminius: „Befreier Germaniens"? | „Er war zweifellos der Befreier Germaniens, der nicht die Anfänge des römischen Volkes, wie andere Könige und Führer, sondern das Reich in vollster Blüte herausgefordert hat, in Kämpfen mit wechselndem Erfolg, im Krieg aber unbesiegt." Mit diesen Worten rühmt Tacitus in seinen Annalen den Cherusker Arminius als großen Rivalen Roms. Das von Tacitus überlieferte Bild prägt vielfach bis heute die Vorstellungen der historischen Ereignisse und der Person des Arminius. Lange galt die Niederlage der Römer als Anfang vom Ende ihrer Herrschaft in Germanien, als „Wendepunkt der Geschichte" und Arminius als „Befreier Germaniens".

Möglicherweise trug die verlorene Varusschlacht tatsächlich dazu bei, dass der mittlere und nördliche Teil Deutschlands und Europas nicht römisch wurden, denn die Römer zogen sich – wenn auch erst einige Jahre später unter Kaiser *Tiberius* – an den Rhein zurück. Einfluss auf Germanien behielten sie aber trotzdem, nämlich über das erprobte Mittel der Verträge mit benachbarten Völkerschaften. Einen historischen Wendepunkt markiert das Jahr 9 n. Chr. jedoch nicht.

[1] Siehe dazu die Methode „Denkmäler untersuchen" auf Seite 30 f.

P· CORNE-
LII TACITI HISTORI-
ci de ſitu, moribus & po
pulis Germaniæ,
libellus.

GERMANIA om̃is
à Gallis Rhætijs-
que & Pannonijs,
Rheno & Danu-
bio fluminibus, à
Sarmatis Daciſq;
mutuo metu aut montibus ſepara
tur. Cætera Oceanus ambit, latos
ſinus & inſularũ immenſa ſpatia
complectens, nuper cognitis qui-
A 2 buſdam

Titelblatt der „Germania“ des Tacitus.
Druck von 1519 aus Basel. Der römische Politiker Publius Cornelius Tacitus (um 55 – um 120 n. Chr.) begann um 97 n. Chr. mit der Niederschrift umfangreicher Geschichtsdarstellungen. Die „Germania“ wurde seit ihrer Wiederentdeckung 1425 für Jahrhunderte die wichtigste Quelle zu „Germanien“ und den „Germanen“. 1472 wurde sie erstmals in Bologna, später vor allem im deutschsprachigen Raum gedruckt, wo sie sich mit großer Wirkung verbreitete.

Auch die Vorstellung von einem Freiheitskampf des „germanischen Volkes“ widerspricht den historischen Tatsachen. Der Widerstand gegen die römischen Besatzer war keine Sache des Volkes, denn ein „germanisches Volk“, das sich zusammengehörig fühlte, gab es nicht. Der von Arminius geführte Aufstand war vielmehr eine Angelegenheit von Führungsgruppen germanischer Stämme, die ihre Stellung durch die römischen Besatzer bedroht sahen und gegen diese Kampfverbände mobilisierten. Interne Stammesrivalitäten und Auseinandersetzungen zwischen pro- und antirömischen Gruppen verhinderten zudem einen geschlossenen germanischen Widerstand. Gerade im Familienclan des Arminius scheint es große Führungsrivalitäten gegeben zu haben: Um das Jahr 21 n. Chr. wurde Arminius von seinen Verwandten ermordet.

Die „Erfindung“ der deutschen Nation | Im Mittelalter waren die Schriften des Tacitus und damit auch die Geschichte von Arminius und der Varusschlacht so gut wie vergessen. In der Renaissance durchforsteten italienische Humanisten auf der Suche nach antiken Texten die Klosterbibliotheken. 1425 fanden sie eine Abschrift der verloren geglaubten „Germania“ des Tacitus, 1507 seine „Annalen“ wieder. Damit wurden die germanische Frühzeit und die Varusschlacht bekannt.

Tacitus hatte Arminius zum „Befreier Germaniens“ erklärt. Dies nahmen die Humanisten wörtlich: Mit zunehmender Vereinfachung erklärten sie die „Germanen“ zu Vorfahren der Deutschen, von denen sie ihre kriegerische Stärke und Tugend übernommen hätten.

Zwar gab es bereits in der Antike und im Mittelalter die Vorstellung, dass sich Völker von mythischen Stammvätern herleiteten. Einen gesamtdeutschen Ursprungsmythos gab es vor 1500 jedoch nicht. In der mittelalterlichen Ständegesellschaft hatte

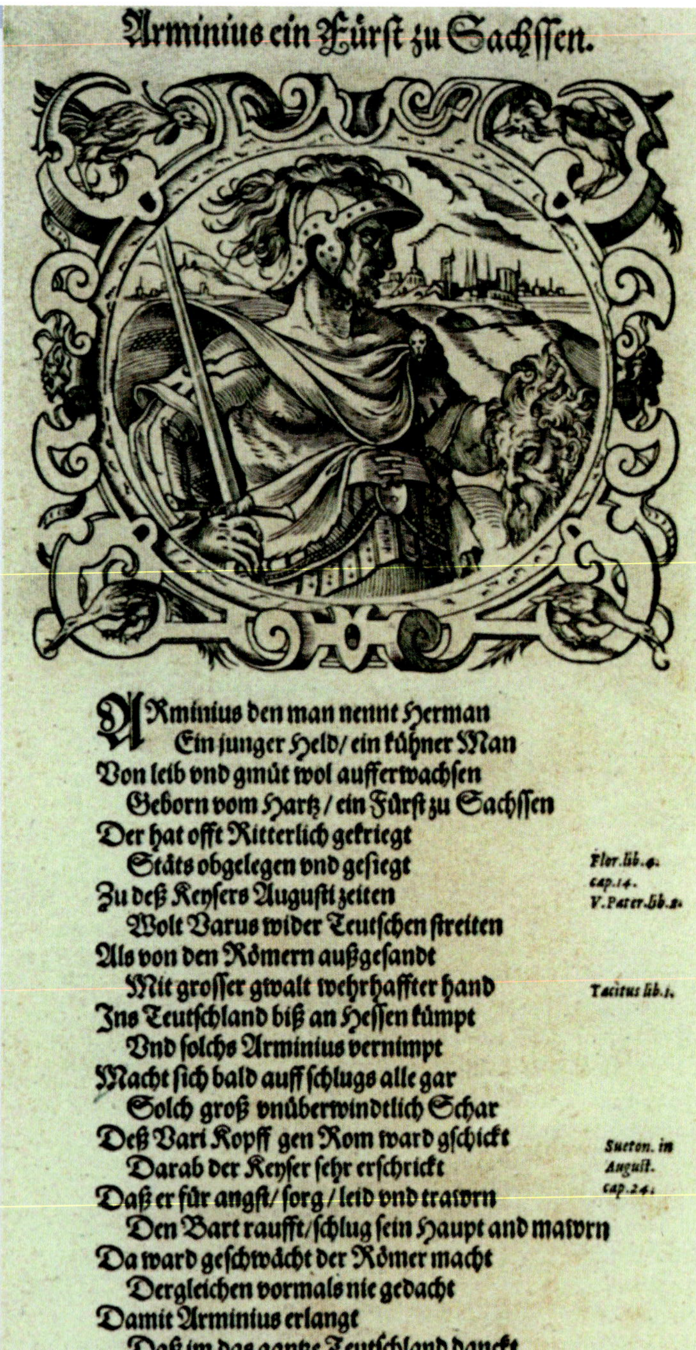

Arminius ein Fürst zu Sachssen.

Arminius den man nennt Herman
Ein junger Held/ ein kühner Man
Von leib vnd gmüt wol aufferwachsen
Geborn vom Hartz / ein Fürst zu Sachssen
Der hat offt Ritterlich gekriegt
Stäts obgelegen vnd gesiegt Flor. lib. 4.
Zu deß Keysers Augusti zeiten cap. 14. V. Pater. lib. 2.
Wolt Varus wider Teutschen streiten
Als von den Römern außgesandt
Mit grosser gwalt wehrhaffter hand Tacitus lib. 1.
Ins Teutschland biß an Hessen kümpt
Vnd solchs Arminius vernimpt
Macht sich bald auff schlugs alle gar
Solch groß vnüberwindtlich Schar
Deß Vari Kopff gen Rom ward gschickt Sueton. in
Darab der Keyser sehr erschrickt August.
Daß er für angst/ sorg / leid vnd trawrn cap. 24.
Den Bart raufft/ schlug sein Haupt and mawrn
Da ward geschwächt der Römer macht
Dergleichen vormals nie gedacht
Damit Arminius erlangt
Daß im das gantze Teutschland danckt
Vnd wurd sein lob bey Alt vnd Jungen
Hernach vil hundert jar gesungen.
Carolus

Aus Arminius wird „Hermann".
Holzschnitt von Jost Amman von 1566 als Illustration in der seit 1522 erschienenen „Bayerischen Chronik" des Humanisten Johann Turmair alias Johannes Aventinus.
Der bayerische Geschichtsschreiber Aventinus verfasste auf der Grundlage der Annalen des Tacitus die erste deutsche Darstellung der „Germanenkriege" unter Arminius, hier als Sachsenfürst dargestellt. Er folgt damit der humanistischen Tradition, den Arminiusstoff dem sächsischen Kurfürsten zu widmen. Zugleich unternimmt er den Versuch, aus dem lateinischen Namen Arminius die vermeintliche germanische Urform „Ermann" für „Ehren-Mahner" zu rekonstruieren. Auch die Namensgebung „Hermann" für „Mann des Kriegsvolkes und des Heeres" findet sich bei ihm, wohl von Martin Luther übernommen. In dessen Namensbuch von 1530/37 wird Arminius als „Hermann" („Heer-Mann") übersetzt.

das „Herkommen" eine andere Bedeutung. Ein deutscher Adliger fühlte sich seinen französischen oder italienischen Standesgenossen stärker verbunden als den Untertanen seines Landes.

Erst in der Frühen Neuzeit entstand unter Gelehrten von Tacitus ausgehend die Vorstellung eines ethnisch in sich geschlossenen „germanischen" Volkes, das sich geradlinig zur deutschen Nation entwickelt habe. Der Reichsritter *Ulrich von Hutten* feierte Arminius Anfang des 16. Jahrhunderts als einen der „ersten Vaterlandsbefreier", der das „römische Joch" abgeworfen hätte. Arminius, bald in „Hermann" umbenannt, wurde zum ersten deutschen Helden und zum Führer eines germanisch-deutschen Freiheitskampfes, der sich in der Gegenwart fortsetzte.

Nationaler Mythos im 19. Jahrhundert | Seit Ende des 18. Jahrhunderts setzte eine wahre „Hermannseuphorie" ein. Den eigentlichen Aufstieg zum Nationalmythos erlebte der *„Hermannsmythos"* seit der Zeit *Napoleons* und der Befreiungskriege zu Beginn des 19. Jahrhunderts. Hermann wurde zur Leit- und Vorbildfigur der nationalen Erhebung gegen die französische Fremdherrschaft und zum Symbol der kriegerischen Nation. So wie er 1 800 Jahre zuvor Varus aus Germanien vertrieben hatte, wollte man nun Napoleon aus Deutschland vertreiben.

Der „Hermannsmythos" wurde nach dem Untergang des alten Reiches immer mehr zur Antriebs- und Rechtfertigungsideologie der nationalen Einigung und Hermann zur Integrationsfigur. Der bayerische König ließ die Varusschlacht 1842 im Giebel der nationalen Gedenkstätte Walhalla verewigen, seit 1836 sammelte ein Verein deutschlandweit für die Errichtung des Hermannsdenkmals (➔ M3). Die großen historiografischen Werke der Zeit begannen wie selbstverständlich mit einer Darstellung der „deutschen Völkerschaften in der Urzeit" und dem „Freiheitskampf der Deutschen gegen Roms Weltmacht". Dies alles war Ausdruck der „organischen" Geschichtsauffassung einer Nation, die sich vorstellte, von einem ethnisch und sprachlich einheitlichen „Volk" (einen „Stamm") abzustammen.

Durch das 19. und die erste Hälfte des 20. Jahrhunderts hindurch wurde der „Hermannsmythos" von nationalen Kreisen verwendet. Der auf seinem Denkmal bei Detmold stehende Hermann reckte bei seiner Enthüllung 1875 sein Schwert nicht gegen die Römer, sondern gegen Frankreich, das 1870/71 militärisch besiegt worden war und als jahrhundertelanger „Erbfeind" betrachtet wurde. Das Kaiserreich von 1871 galt dabei als Wiederbelebung des mittelalterlich-germanischen Reiches der Deutschen.

Nach 1918 wurde der „Arminiusmythos" in „völkischen" Kreisen verwendet. Diese verstanden ihn jedoch nicht als heroischen Sieg der „Germanen", sondern stellten die Ermordung des Arminius durch die eigenen Leute der Dolchstoßlegende gleich, nach der die deutsche Armee durch oppositionelle „vaterlandslose" Zivilisten aus der Heimat von hinten „erdolcht" worden sei. Während der Weimarer Republik wurde der „Hermannsmythos" vor allem gegen die Republik und ihre Vertreter instrumentalisiert. So wussten ihn auch die Nationalsozialisten für ihre Zwecke zu nutzen und mit ihrer germanischen Rassenideologie zu verbinden. In unterschiedlicher Weise wurde Arminius somit jeweils als Identifikationsfigur herangezogen.

„Die Hermannsschlacht im Teutoburger Wald."
Gemälde (88 x 117 cm) von Wilhelm Lindenschmidt d. Ä., um 1840.

- Analysieren Sie die Bildkomposition. | F
- Erläutern Sie, inwiefern Wilhelm Lindenschmidt den Ausgang der Schlacht vorwegnimmt.

M1 Arminius gegen Varus: Ein Römer berichtet

Der römische Geschichtsschreiber Velleius Paterculus (um 20/19 v. Chr. - nach 30 n. Chr.) dient ab 4 n. Chr. unter anderem als Reiterpräfekt und Legat in Germanien. In seinem Werk „Historia Romana“ schildert er um 20 n. Chr. die Varusschlacht und die Niederlage der römischen Legionen unter Publius Quinctilius Varus gegen die von dem Cheruskerfürsten Arminius geführten germanischen Stämme:

117. [...] 2. Quinctilius Varus stammte aus einer angesehenen, wenn auch nicht hochadligen Familie. Er war von milder Gemütsart, ruhigem Temperament, etwas unbeweglich an Körper und Geist, mehr an müßiges Lagerleben als an den Felddienst gewöhnt. Dass er wahrhaft kein Verächter des Geldes war, beweist seine Statthalterschaft in Syrien: Als armer Mann betrat er das reiche Syrien, und als reicher Mann verließ er das arme Syrien.

3. Als er Oberbefehlshaber des Heeres in Germanien wurde, bildete er sich ein, die Menschen dort hätten außer der Stimme und den Gliedern nichts Menschenähnliches an sich, und die man durch das Schwert nicht hatte zähmen können, die könne man durch das römische Recht lammfromm machen.

4. Mit diesem Vorsatz begab er sich ins Innere Germaniens, und als habe er es mit Männern zu tun, die die Annehmlichkeiten des Friedens genossen, brachte er die Zeit des Sommerfeldzugs damit zu, von seinem Richterstuhl aus Recht zu sprechen und Prozessformalitäten abzuhandeln.

118. 1. Die Leute dort sind aber – wer es nicht erfahren hat, wird es kaum glauben – bei all ihrer Wildheit äußerst verschlagen, ein Volk von geborenen Lügnern. Sie erfanden einen Rechtsstreit nach dem andern; bald schleppte einer den anderen vor Gericht, bald bedankten sie sich dafür, dass das römische Recht ihren Händeln ein Ende mache, dass ihr ungeschlachtes Wesen durch diese neue und bisher unbekannte Einrichtung allmählich friedsam werde und, was sie nach ihrer Gewohnheit bisher durch Waffengewalt entschieden hätten, nun durch Recht und Gesetz beigelegt würde. Dadurch wiegten sie Quinctilius Varus in höchster Sorglosigkeit, ja, er fühlte sich eher als Stadtprätor, der auf dem römischen Forum Recht spricht, denn als Oberbefehlshaber einer Armee im tiefsten Germanien.

2. Es gab damals einen jungen Mann aus vornehmem Geschlecht, der tüchtig im Kampf und rasch in seinem Denken war, ein beweglicherer Geist, als es die Barbaren gewöhnlich sind. Er hieß Arminius und war der Sohn des Segimer, eines Fürsten jenes Volkes. In seiner Miene und in seinen Augen spiegelte sich sein feuriger Geist. Im letzten Feldzug hatte er beständig auf unserer Seite gekämpft und hatte mit dem römischen Bürgerrecht auch den Rang eines römischen Ritters erlangt. Nun machte er sich die Indolenz[1] unseres Feldherrn für ein Verbrechen zunutze. [...]

3. Erst weihte er nur wenige, dann mehrere in seinen Plan ein. Die Römer könnten vernichtet werden, das war seine Behauptung, mit der er auch überzeugte. Er ließ den Beschlüssen Taten folgen und legte den Zeitpunkt für den Hinterhalt fest.

4. Dies wurde dem Varus von Segestes hinterbracht, einem loyalen Mann jenes Volkes mit angesehenem Namen. Er forderte Varus auf, die Verschwörer in Ketten zu legen. Aber das Schicksal war schon stärker als die Entschlusskraft des Varus und hatte die Klarheit seines Verstandes völlig verdunkelt. Denn so geht es ja: Wenn ein Gott das Glück eines Menschen vernichten will, dann trübt er meistens seinen Verstand und bewirkt damit – was das Beklagenswerteste daran ist –, dass dieses Unglück auch noch scheinbar verdientermaßen eintrifft und sich Schicksal in Schuld verwandelt. Varus wollte es also nicht glauben und beharrte darauf, die offensichtlichen Freundschaftsbezeugungen der Germanen gegen ihn als Anerkennung seiner Verdienste zu betrachten. Nach diesem ersten Warner blieb für einen zweiten keine Gelegenheit mehr.

Zitiert nach: Lutz Walther (Hrsg.), Varus, Varus! Antike Texte zur Schlacht im Teutoburger Wald. Lateinisch-Deutsch. Griechisch-Deutsch, Stuttgart 2008, S. 58–63

1. Arbeiten Sie die Gründe heraus, die Paterculus für die römische Niederlage in der Varusschlacht anführt. | F
2. Vergleichen Sie seine Charakterisierung von Varus und Arminius.

M2 Tacitus über die „Germanen“

In seinem um das Jahr 100 n. Chr. verfassten Werk „De origine et situ Germanorum liber“, kurz „Germania“, beschreibt der römische Geschichtsschreiber Tacitus (um 55 - um 120 n. Chr.) in 46 Kapiteln neben Ursprung und Grenzen „Germaniens“ auch die Sitten und Gebräuche seiner Bevölkerung:

2. Die Germanen selbst sind, möchte ich meinen, Ureinwohner und von Zuwanderung und gastlicher Aufnahme fremder Völker gänzlich unberührt. Denn ehemals kam nicht auf dem Landwege, sondern zu Schiff gefahren, wer neue Wohnsitze suchte, und das Weltmeer, das ins Unermessliche hinausreicht und sozusagen auf der anderen Seite liegt, wird nur selten von Schiffen aus unserer Zone besucht. Wer hätte auch [...] Asien oder Afrika oder Italien verlassen und Germanien aufsuchen wollen, landschaftlich ohne Reiz, rau im Klima, trostlos für den Bebauer wie für den Beschauer, es müsste denn seine Heimat sein? [...]

4. Ich selbst schließe mich der Ansicht an, dass sich die Bevölkerung Germaniens niemals durch Heiraten mit Fremdstämmen vermischt hat und so ein reiner, nur sich selbst gleicher Menschenschlag von eigener Art geblieben

[1] **Indolenz**: Gleichgültigkeit, Ahnungslosigkeit

ist. Daher ist auch die äußere Erscheinung trotz der großen Zahl von Menschen bei allen dieselbe: wild blickende blaue Augen, rötliches Haar und große Gestalten, die allerdings nur zum Angriff taugen. Für Strapazen und Mühen bringen sie nicht dieselbe Ausdauer auf, und am wenigsten ertragen sie Durst und Hitze; wohl aber sind sie durch Klima und Bodenbeschaffenheit gegen Kälte und Hunger abgehärtet. [...]

6. Auch an Eisen ist kein Überfluss, wie die Art der Bewaffnung zeigt. Nur wenige haben ein Schwert oder eine größere Lanze. Sie tragen Speere oder, wie sie selbst sagen, Framen, mit schmaler und kurzer Eisenspitze, die jedoch so scharf und handlich ist, dass sie dieselbe Waffe je nach Bedarf für den Nah- oder Fernkampf verwenden können. Selbst der Reiter begnügt sich mit Schild und Frame; die Fußsoldaten werfen auch kleine Spieße, jeder mehrere, und sie schleudern sie ungeheuer weit: Sie sind halb nackt oder tragen nur einen leichten Umhang. Prunken[1] mit Waffenschmuck ist ihnen fremd [...].

7. [...] Besonders spornt sie zur Tapferkeit an, dass nicht Zufall oder willkürliche Zusammenrottung, sondern Sippen und Geschlechter die Reiterhaufen oder die Schlachtkeile bilden. Und ganz in der Nähe haben sie ihre Lieben; von dorther können sie das Schreien der Frauen, von dorther das Wimmern der Kinder vernehmen. Ihr Zeugnis ist jedem das heiligste, ihr Lob das höchste: Zur Mutter, zur Gattin kommen sie mit ihren Wunden [...]; auch bringen sie den Kämpfenden Speise und Zuspruch. [...]

18. Gleichwohl halten die Germanen auf strenge Ehezucht, und in keinem Punkte verdienen ihre Sitten größeres Lob. Denn sie sind fast die Einzigen unter den Barbaren, die sich mit einer Gattin begnügen; sehr wenige machen hiervon eine Ausnahme, nicht aus Sinnlichkeit, sondern weil sie wegen ihres Adels mehrfach um Ehebindungen angegangen werden. [...]

19. [...] Die Zahl der Kinder zu beschränken oder ein Nachgeborenes zu töten, gilt für schändlich, und mehr vermögen dort gute Sitten als anderswo gute Gesetze.

Tacitus, Germania. Latein-Deutsch, übersetzt, erläutert und mit einem Nachwort herausgegeben von Manfred Fuhrmann, Stuttgart 2000, S. 9, 11, 13, 15, 27, 29 und 31

1. Erläutern Sie das Bild, das Tacitus von den „Germanen" entwirft. | H | F
2. Tacitus' Aufzeichnungen dienten als Grundlage für die seit der Frühen Neuzeit entwickelte Annahme, die „Germanen" seien ein ethnisch geschlossenes Volk mit gemeinsamem Ursprung gewesen. Weisen Sie nach, an welche Aussagen dabei angeknüpft wurde.
3. Analysieren Sie die Haltung des Autors. Überlegen Sie, inwiefern Tacitus' Schilderungen auf römische Verhältnisse bezogen sein könnten. | H
4. Beurteilen Sie vor dem Hintergrund Ihrer Ergebnisse den Quellenwert von M1 und M2.

M3 Arminius als deutscher Nationalheld

Nachdem der Architekt und Bildhauer Ernst von Bandel mit seinem seit 1819 geplanten Denkmal der Befreiungskriege zu Ehren des Arminius („Hermann") beim bayerischen König Ludwig I. (1800–1876) nicht auf die gewünschte Resonanz gestoßen ist, kehrt er 1834 München den Rücken und sucht im Teutoburger Wald nach einem geeigneten Platz für das Bauwerk. Dort gründet sich 1838 ein „Verein für die Errichtung des Hermanns-Denkmals". Erste Skizzen zu einem „deutschen National-Denkmal" entstehen. 1841 wird auf dem Teutberg südwestlich von Detmold der Grundstein gelegt. Danach geht der Bau nur schleppend voran, da das öffentliche Interesse und damit auch die Fördermittel gering sind. Die nationale Begeisterung nach dem Ende des Deutsch-Französischen Krieges 1871 und Großspenden Kaiser Wilhelms I. (1797–1888) ermöglichen schließlich die Fertigstellung. Am 16. August 1875 wird das Hermannsdenkmal feierlich eingeweiht. In einer Broschüre zur Feier der Grundsteinlegung 1841 heißt es:

Da wird die Zeit kommen, wo der alte Kaiser erwacht, der im Kyffhäuser[2] [...] schläft, dem vor langem Schlafen der Bart durch den Felsen gewachsen ist. Wenn die Husaren in die Trompete blasen und die Trommelwirbel durch alle Gauen[3] tönen, dass vor lauter Lärmen die Felsen erdröhnen; da wird der alte Kaiser sich regen, und aus dem Schlummer erwachend und sich besinnend wird er fragen! „Was ist das für ein Lärmen in meinen Deutschen Landen, der mich aus dem langen Schlummer erweckt?" – Und seine Dienstmannen werden ihm antworten müssen: „Das Deutsche Volk ist in Bewegung. Deutschland ist wieder erstanden zur gewaltigen Einheit, zur mächtigen Größe!" Und der Kaiser wird erstaunt fragen: „Ist das Deutschland, das zerrissen war?" Und sie werden ihm antworten: „Nein! es ist das Einige Deutschland!"
Und freudig sich ermannend wird der Kaiser sagen: „Das ist wieder Mein Deutschland! Mein großes schönes Deutschland! Die Zeit ist um. Ich habe den langen Schlaf ausgeschlafen. Wohlan! Bringt mir mein Ross, dass ich es besteige, dass ich durch alle Deutschen Gauen reite, und mein Volk mustere. Wo ist der Feind?" [...] Und erschüttert von dem gewaltigen Jauchzen des Volks, und erweckt durch die deutschen Töne, wird Hermann von seinem Felsen herabsteigen und unter das Volk treten. Und der alte Kaiser und die Fürsten und Könige werden ihm entgegen-

[1] **prunken**: prangen, prahlen, zur Schau stellen

[2] **Kyffhäuser**: Bergrücken in Thüringen, wo einer Sage nach Kaiser Friedrich I. Barbarossa (um 1122–1190) schlafend auf den richtigen Moment für seine Wiederkehr wartet. Im 19. Jahrhundert wurde die Regionalsage zum deutschen Nationalmythos erhoben: Der Rückgriff auf die alte Kaiserherrlichkeit der Stauferzeit verband sich mit der Sehnsucht nach einem geeinten Deutschen Reich, die 1871 in Erfüllung zu gehen schien.

[3] **Gau**: geschlossener germanischer Siedlungsraum; auch Bezeichnung für eine Region als Verwaltungseinheit

schreiten, und ihn in ihre Mitte nehmen. Sie werden ihn als den ersten deutschen Helden begrüßen, dem das Vaterland seine Freiheit und Selbstständigkeit verdankt, und der der erste Begründer seiner jetzigen Größe gewesen ist.

Zitiert nach: Ludger Kerssen, Das Interesse am Mittelalter im deutschen Nationaldenkmal, Berlin u.a. 1975, S. 81 f.

1. Ordnen Sie Text und Bilder (Seite 27–29) in den historischen Kontext ein. Erläutern Sie Bedeutung und Nutzung des Hermannsdenkmals von der Zeit seiner Entstehung bis heute.
2. Analysieren Sie, inwiefern der Arminiusmythos für politische Vorstellungen und Ziele in Anspruch genommen wurde. Welche Funktion kommt Arminius dabei zu? | F
3. Finden Sie weitere Beispiele für historische Persönlichkeiten, Ereignisse oder Symbole, die in ähnlicher Weise für nationale Bestrebungen herangezogen wurden.

Kundgebung zum Bezirkstag der NSDAP am Hermannsdenkmal.
Foto von 1928.
In der Weimarer Republik wurde das Denkmal zu einer Art Wallfahrtsort republik- und demokratiefeindlicher Nationalisten.

„Germanenumzug" durch die Detmolder Innenstadt bei den Jubiläumsfeiern zur Varusschlacht.
Foto von 1909.

Willst Du mit uns gegen Volksversklavung und Kriegsschuldlüge ankämpfen? Dann teile **sofort** Deine Adresse dem „Landesausschuß für das deutsche Volksbegehren“, Bielefeld, Bahnhofstr. 39, mit

Auf zum Hermannsdenkmal

Sonntag, 1. September, nachm. 3.30 Uhr

Große Kundgebung

des Reichs-Ausschusses gegen Pariser Tributplan u. Kriegsschuldlüge

Es sprechen u. a.:

Dr. Hugenberg u. Franz Seldte

Militärmusik ◆ Lautsprecher

Alle im Reichs-Ausschuß vereinigten Wirtschaftsorganisationen, vaterländischen Verbände und Parteien nehmen hieran teil.

Auch Du darfst nicht fehlen!

Der Pariser Tributplan darf nicht Gesetz werden; denn er legt uns die Zahlung von weiteren 114 000 Millionen Goldmark auf. Damit wird **Kind und Kindeskind bis zum Jahre 1988** in die Sklaverei verkauft; eine **neue Inflation** wird den letzten Rest unseres Volksvermögens vernichten.

Darum

Kampf gegen Tributplan und Kriegsschuldlüge

Verbilligte Sonntagsfahrkarten nach Detmold von allen Stationen

Aufruf zur Kundgebung gegen den Young-Plan (1929).

Zwermann, der Cheruskerzwerg aus dem Hermannsland.
Souvenir aus Kunststoff (39 cm), Detmold 2008.

Methode

Denkmäler untersuchen

Denkmäler sind eine besondere Form von Bauwerken. Sie haben das Ziel, an ein Ereignis, Zeiträume oder Personen zu erinnern, die dem Auftraggeber oder Künstler wichtig sind. Kaum eine andere Quellengattung ist so gut geeignet für **historisch-entdeckendes Lernen** wie Denkmäler. Sie ermöglichen nicht nur die Beschäftigung mit der Vergangenheit. Darüber hinaus sind sie ein sichtbarer Bestandteil des kulturellen und kollektiven Gedächtnisses eines Landes. Sie führen vor Augen, dass **historische Erinnerung** der ständigen Veränderung unterworfen ist, und sie drücken das **Geschichtsbewusstsein** ihrer Entstehungszeit aus. Jeden Betrachter zwingt ein Denkmal zu einer ganz persönlichen Einschätzung. Je besser er die **Entstehungsgeschichte** kennt und die einzelnen Teile deuten kann, desto mehr geht die Bewertung eines Denkmals über rein subjektive Eindrücke hinaus.
Die **Anlässe** für die Errichtung eines Denkmals haben sich im Laufe der Jahrhunderte ebenso verändert wie die **Art der Gestaltung**. Je nachdem welches Kriterium zugrunde gelegt wird, lassen sich Kategorien von Denkmälern unterscheiden. Eine rein äußerliche Einteilung ist die in Denkmäler mit naturalistisch gestalteten Figuren, Baudenkmäler, Industriedenkmäler, Naturdenkmäler und abstrakt gestaltete Denkmäler. Eine andere Unterscheidungsmöglichkeit bietet die **Intention** eines Denkmals. Mahnmale und Erinnerungsstätten richten zum Beispiel an die Nachwelt den Auftrag, aus der Vergangenheit für die Zukunft zu lernen.

Weitere Anwendungsbeispiele finden Sie u.a. auf den Seiten 33 und 48.

Arbeitsschritt	Leitfragen
1. beschreiben	• Wen oder was zeigt das Denkmal? • Welche Form hat das Denkmal (Material, Farbe, Gestaltung)? • Wann wurde das Denkmal errichtet? Wie lange war die Dauer von der Idee bis zur Realisierung? • An welchem Ort wurde das Denkmal errichtet? Welche Bedeutung hat die Umgebung? • Wer hat das Denkmal initiiert, bezahlt, künstlerisch gestaltet und eingeweiht? • Gab es Kontroversen oder alternative Entwürfe?
2. erklären	• An welche Persönlichkeit, an welches Ereignis oder an welchen Sachverhalt soll das Denkmal erinnern? • Vor welchem historischen Hintergrund wurde das Denkmal errichtet? • Wie sind die dargestellten Symbole und Allegorien sowie die Inschriften des Denkmals zu deuten? • An welche Adressaten richtet(e) sich das Denkmal? Welche Beweggründe und Ziele hatten die Initiatoren? • Wie wurde das Denkmal aufgenommen und kommentiert? • Welche emotionale, kognitive (den Verstand ansprechende) und/oder politische Absicht verfolgt das Denkmal? • Wurde das Denkmal später verändert oder an einen anderen Platz versetzt? Wenn ja, was waren die Gründe, wer war dafür verantwortlich?
3. beurteilen	• Wie lassen sich Form und Gestaltung des Denkmals bewerten? • Ist die beabsichtigte Wirkung des Denkmals durch die Gestaltung umgesetzt? • Welche Wirkung hat das Denkmal auf heutige Betrachter?

Schwert:
Das sieben Meter lange Schwert trägt folgende Inschrift: „Deutsche Einigkeit meine Staerke, meine Staerke Deutschlands Macht."

Figur:
Das Standbild zeigt den Cheruskerfürsten Arminius („Hermann" genannt). Es ist bis zur Schwertspitze rund 26 Meter hoch, wiegt circa 43 Tonnen und besteht aus einer Eisenrohrkonstruktion mit einer Oberfläche aus Kupferplatten. Unter dem linken Fuß der Hermannsfigur liegen ein Adler und ein Liktorenbündel (Amtssymbol im Römischen Reich).

Schild:
Auf dem zehn Meter großen Schild steht: „Treufest".

Unterbau:
Am knapp 27 Meter hohen Unterbau sind verschiedene Inschriften zu finden, die u. a. auf die Befreiungskriege (1813–1815), die Reichsgründung (1871) und auf Schriften des römischen Geschichtsschreibers Tacitus Bezug nehmen. Oberhalb der zehn Pfeiler und zehn Nischen befindet sich ein Besucherumlauf.

Das Hermannsdenkmal bei Detmold.
Foto von 2018.
Mit dem Bau wurde 1838 begonnen. Die feierliche Einweihung des Hermannsdenkmals fand am 16. August 1875 statt.

▶ Analysieren Sie das Denkmal mithilfe der Arbeitsschritte auf Seite 30. Ihre Ergebnisse können Sie mit der Lösungsskizze auf Seite 75 vergleichen.

Mythos „Tannenberg/Grunwald“

Ein Mythos entsteht: die Schlacht bei Tannenberg | Im Jahre 1410 fand bei *Tannenberg* (polnisch *Grunwald*) eine große Schlacht zwischen einem Heer der Ordensritter und einer litauisch-polnischen Armee statt, die letztere gewann. Danach war die Schlacht fast 500 Jahre lang vergessen worden, auch deshalb, weil sie fast keine politischen Konsequenzen gehabt hatte. Noch zu Beginn des 19. Jahrhunderts spielten in Preußen die Schlacht und die Erinnerung an die Ordensritter nahezu keine Rolle. Die am Ufer der Nogat gelegene Marienburg, der ehemalige Sitz der Ordensritter, diente nicht als Erinnerungsort, sondern als Getreidespeicher. Erst in der zweiten Hälfte des 19. Jahrhunderts änderte sich diese Sicht auf die Vergangenheit grundlegend.

Mehrere Historikerinnen und Historiker betonen, dass häufig mit polarisierenden Paaren von Begriffen gearbeitet wurde. Auf der einen Seite standen die Deutschen, auf der anderen die Polen. Die Gegensätze waren etwa das (kultur)geografische Abendland und der kulturlose Osten, die zivilisatorische Bildung und die Barbarei, die sittliche Ritterlichkeit und der Frevel oder die mentale Disziplin und die Anarchie. Der ansonsten hoch angesehene deutsche Historiker *Heinrich von Treitschke* popularisierte auf diese Weise das Bild der Schlacht bei Tannenberg. Eine große Rolle in der deutschen Literatur spielte auch die christliche Missionstätigkeit der Ordensritter im Osten. Dabei wurde aber häufig übersehen, dass das mittelalterliche Polen bereits seit dem 10./11. Jahrhundert christianisiert war, die Ritter also keineswegs gegen einen heidnischen Osten gekämpft hatten.

Sehr viel mehr noch als in Deutschland befassten sich polnische Schriftsteller mit der Schlacht bei Grunwald. Der Roman „Die Kreuzritter“, 1900 verfasst von *Henryk Sienkiewicz*, der 1905 den Nobelpreis für Literatur erhielt, wurde zu einem Bestseller. Hier wurden sehr ähnliche Stereotype verwendet, nur in umgekehrter Weise: Dem edlen Polen standen hier die hochmütigen Ordensritter gegenüber. Auch in den folgenden Jahren wurde diese Polarisierung bei anderen Autoren konsequent beibehalten. Der polnische König ist bescheiden, friedliebend, fromm und gerecht, die Kreuzritter sind eingebildet, menschenverachtend, hochmütig, machtgierig und brutal.

Reenactment der Schlacht von Grunwald.
Foto vom Juli 2018, Danzig. Hunderte Akteure stellen in historischen Gewändern die Schlacht aus dem Jahre 1410 nach.

Tannenberg im Spiegel von Denkmälern und Gedenkfeiern | 1901 wurde auf dem ehemaligen Schlachtfeld von Tannenberg ein zweieinhalb Meter hoher Granitblock aufgestellt. Die Aufschrift lautete: „Im Kampf für deutsches Wesen, deutsches Recht starb hier der Hochmeister Ulrich von Jungingen am 15. Juli 1410 den Heldentod.“ 1902 fand in der restaurierten Marienburg ein Fest des Johanniterordens statt, bei der Kaiser *Wilhelm II.* eine antipolnische Rede hielt.

Die polnische Seite reagierte sofort. Nach einer Pressekampagne erinnerten Feiern in zahlreichen Orten an den polnischen Sieg gegen die Ritter. Den Höhepunkt erreichten die polnischen Feiern in dem Jahr 1910, als das 500-jährige Jubiläum der Schlacht als ein polnischer Nationalfeiertag begangen wurde. In zahlreichen Kirchen fanden Dankgottesdienste statt, und in Krakau wurden zentrale dreitägige Feiern abgehalten, zu denen etwa 150000 Menschen anreisten. Reden, Paraden, Theateraufführungen, Ausstellungen und Volksfeste fanden statt, und auf dem zentralen Matejko-Platz wurde ein 24 Meter hohes Denkmal enthüllt, das der berühmte polnische Pianist *Ignacy Jan Paderewski* gespendet hatte. Es zeigte König *Wladyslaw II.* auf einem Pferd, zu seinen Füßen lag der erschlagene deutsche Großmeister, und die Inschrift lautete: „Den Urvätern zum Ruhm, den Brüdern zur Ermutigung“.

Nachdem 1914 zu Beginn des Ersten Weltkrieges bei den Masurischen Seen eine russische Armee in Ostpreußen vernichtend geschlagen worden war, wurde diese Schlacht nach dem Vorschlag des Generalfeldmarschalls *Paul von Hindenburg* erneut nach dem kleinen Ort Tannenberg benannt. Nach dem Ende des Ersten Weltkrieges wurde an dieser Stelle zwischen 1924 und 1927 ein monumentales Denkmal errichtet, das die Funktion eines nationalen Ehrenmales erhalten sollte (→M1 bis M3).

Das Tannenberg-Nationaldenkmal.
Foto von 1931.

Blick in den Innenhof des Denkmals.
Foto aus den 1930er-Jahren.
Im Jahre 1945 sprengten deutsche Soldaten das Denkmal vor dem Anrücken der Roten Armee.

M1 Die Schlacht bei Grunwald aus polnischer Perspektive

Der Pole Jan Matejko (1838–1893) malt das rund vier Meter breite und fast zehn Meter lange Ölgemälde in den 1870er-Jahren. Das Monumentalgemälde verbindet verschiedene Szenen miteinander: Links von der Bildmitte ist der Tod von Ulrich von Jungingen, dem Hochmeister des Deutschen Ordens, zu erkennen. In der rechten Bildhälfte wird der polnische König auf einem Hügel dargestellt. Im Zentrum des Bildes befindet sich der litauische Großfürst Vytautas der Große, der sein Schwert in die Höhe streckt.

1. Beschreiben Sie die mögliche Wirkung des Gemäldes auf den Betrachter. Beziehen Sie dabei auch die Größe des Bildes mit ein.
2. Charakterisieren Sie einzelne Personengruppen und deren Beziehungen zueinander. Berücksichtigen Sie dabei auch die Mimik, Gestik und Haltung ausgewählter Personen.
3. Präsentation: Entwickeln Sie ausgehend von dem Bild Hypothesen über den Charakter von nationalen Mythen. | F

M2 Ein „nationales Toten-Denkmal“

*Der Historiker Frithjof Benjamin Schenk (*1970) schreibt über das Tannenberg-Nationaldenkmal:*

1927 wurde bei Hohenstein in der Nähe des Kampfplatzes von 1914 von rechtsgerichteten und militaristischen Kreisen der Weimarer Republik das deutsche Tannenberg-Nationaldenkmal zum Gedenken an die erfolgreiche Schlacht eingeweiht. Ohne finanzielle Unterstützung der preußischen Staatsregierung entstand eine gewaltige Totenburg als Zentrum des Gefallenen- und Führerkultes. Vergleichbar der Realisierung des Hermannsdenkmals im Teutoburger Wald wurde das Ehrenmal bei Hohenstein über Spenden öffentlicher Körperschaften, Kriegerverbände und Privatpersonen, die von lokalen und regionalen Denkmalvereinen gesammelt wurden, sowie über Lotterien und andere Werbeveranstaltungen finanziert. Allerdings gab es auch massiven Widerstand gegen das Denkmalsprojekt aus linken und pazifistischen Kreisen.

Den Architekturwettbewerb gewannen die Brüder Johannes und Walter Krüger […]. Ihr Entwurf „Gode Wind“, ein Mauerachteck mit einem Durchmesser von rund hundert Metern, sowie über zwanzig Meter hohen Türmen an den Ecken, war formalästhetisch an das „urgermanische“ Kultheiligtum Stonehenge angelehnt. Darüber hinaus erlaubte das Bauwerk, das die Sicherheit und Geschlossenheit einer mittelalterlichen Stadtanlage ausstrahlte, weitere Assoziationen. Zum einen erinnert der Entwurf an die Stauferburg Castel del Monte, die Kaiser Friedrich II. als Jagdschloss um 1240 südlich von Andria erbauen ließ. Waghalsige Interpretationen sehen in der Form des Denkmals gar das Abbild der achteckigen Reichskrone, das wiederum die monarchischen Träume der Initiatoren widergespiegelt habe. Relativ deutlich springen Parallelen zur Bühnen- und Filmarchitektur der zwanziger Jahre ins Auge. Besonders der Nibelungenfilm von Fritz Lang aus dem Jahre 1924 ist in diesem Zusammenhang zu nennen. [...]

Das Nationaldenkmal war eine Weihestätte des Tannenberg-Mythos und des nationalen Totenkultes. Im zentralen Hof der Totenburg waren zwanzig unbekannte deutsche Soldaten unter einem hohen Kupferkreuz beerdigt [...]. Die Architekten konzipierten ihr Bauwerk als nationales Toten-Denkmal und Versammlungsort für Massenveranstaltungen. [...] Das Nationaldenkmal bei Hohenstein wurde zudem als Symbol für die Solidarität des Reiches mit der abgetrennten Provinz Ostpreußen [...] wahrgenommen. [...]

Am 18. September 1927 wurde das Nationaldenkmal durch den vergötterten Generalfeldmarschall und Reichspräsidenten von Hindenburg eingeweiht. [...] Vor angeblich 80 000 Anwesenden betonte der Reichspräsident bei der Einweihung an dieser Stelle als erster ranghoher deutscher Politiker: „Die Anklage, dass Deutschland schuld sei an diesem größten aller Kriege, weisen wir, weist das deutsche Volk in allen seinen Schichten einmütig zurück!“

Der Ruf Hindenburgs, dass „an diesem Erinnerungsmale stets innerer Hader zerschellen [möge]; es [...] eine Stätte [sei], an der sich alle die Hand reichen [...]“, ging bereits ins Leere. Die militärischen und reaktionären Kräfte waren bei der Eröffnungsfeier unter sich. Einem Rabbiner war schon im Vorfeld eine Gedenkrede zu Ehren der gefallenen jüdisch-deutschen Soldaten verweigert worden. Die Parteien der „Systemzeit“ hatte man erst gar nicht eingeladen, die SPD distanzierte sich sowieso von der Errichtung nationaler Kriegsdenkmäler, die preußische Regierung war daher der Zeremonie ferngeblieben.

Frithjof Benjamin Schenk, Tannenberg/Grunwald, in: Etienne François und Hagen Schulze (Hrsg.), Deutsche Erinnerungsorte, Bd. 1, München ³2002, S. 438–454, hier S. 448–450

► Analysieren Sie das Tannenberg-Nationaldenkmal mithilfe der Informationen aus M2 und anhand der Bilder auf Seite 33. Orientieren Sie sich bei Ihrer Analyse an den Arbeitsschritten auf Seite 30 aus der Methode „Denkmäler untersuchen“.

M3 Der Tannenberg-Mythos

*Der deutsche Historiker Hans-Jürgen Bömelburg (*1961) stellt fest:*

Eine erste Konjunktur erlebte der Tannenberg-Mythos seit der deutschen Reichsgründung 1870 durch Persönlichkeiten mit öffentlicher Ausstrahlung wie den Berliner Historiker Heinrich von Treitschke oder den Schriftsteller Ernst Wichert [...]. Treitschke oder Wichert schrieben dem Deutschen Orden eine deutsche Zivilisierungsmission zu und sahen in ihm einen Vorposten gegen die „slawische Flut“, eine Vorstellung, die nach 1870 auch den deutschen Zeitgeist mit seinen Germanisierungszielen in den sogenannten „Ostmarken“ traf. Heinrich von Plauen, der Deutschmeister[1], der nach der Niederlage von Tannenberg den polnisch-litauischen Armeen Widerstand leistete, war eine programmatische Figur, die das Heldentum der Ordensritter verkörperte.

Auf der polnischen Seite entstanden parallel Bilder und Texte, die zum Aufbau einer Identität der Nation ohne Staat auf den Sieg in der Schlacht bei Grunwald zurückgriffen und damit das nationale Selbstbewusstsein kräftigen wollten. Den Anfang machte das monumentale Grunwald-Bild des Krakauer Malers Jan Matejko (1878), das dank seines komplexen Figurenpanoramas den Zeitgenossen half, die Ereignisse neu zu entdecken und zu ordnen [...]. Ordensritterromane [...] popularisierten eine heroische Sicht auf die nationale Geschichte und kräftigten die damals, um 1900, deutlich unterlegenen polnischen Eliten in ihrem Selbstbewusstsein. [...]

Der Erste Weltkrieg und die Zwischenkriegszeit sind von staatlicher Aneignung und Überformung der deutschen wie der polnischen Erinnerung gekennzeichnet. Die deutsche Benennung der ostpreußischen Kämpfe 1914 nach „Tannenberg“ war rein willkürlich – es hätte auch Hunderte anderer Orte gegeben, nach denen man die Schlacht hätte benennen können. Für „Tannenberg“ sprach nachdrücklich der Revanche-Gedanke [...].

Hans-Jürgen Bömelburg, Vergessen neben Erinnern. Die brüchige Erinnerung an die Schlacht bei Tannenberg/Grunwald in der deutschen und polnischen Öffentlichkeit, in: Peter Oliver Loew und Christian Prunitsch (Hrsg.), Polen. Jubiläen und Debatten. Beiträge zur Erinnerungskultur, Wiesbaden 2012, S. 37–55, hier S. 38 f.

1. Erklären Sie den Begriff „Zivilisierungsmission“ (Zeile 6).
2. Analysieren Sie, wie sich anhand eines wenig bedeutsamen historischen Ereignisses sehr unterschiedliche, konkurrierende „nationale“ Erinnerungskulturen bilden.
3. Erörtern Sie, warum Geschichte als Argument für nationale Bewegungen eine derartig wichtige Rolle spielte und immer noch spielt.

[1] **Deutschmeister:** Oberhaupt der preußischen Kreuzritter

Der 14. Juli – ein Mythos?

Militärparade auf den Champs-Elysées in Paris am Nationalfeiertag.
Foto vom 14. Juli 2019.

▶ Erläutern Sie, inwiefern solche Feiern das Geschichtsbewusstsein der Franzosen prägen.

Nationale Symbolik am 14. Juli | Alljährlich wird heutzutage in Frankreich an den 14. Juli erinnert. Nach einer Umfrage von 1989 halten 60 Prozent der Franzosen den „*Bastille-Sturm*" für das wichtigste Ereignis der Französischen Revolution. An den Abenden des 13. Juli finden in allen französischen Dörfern und Städten Feste statt, die an die ausgelassenen Feiern des einfachen Volkes während der Revolutionszeit erinnern. Am folgenden Morgen beschwören dann die Regierenden in Paris die nationale und republikanische Einheit Frankreichs mit einer großen Militärparade. Sie knüpfen damit an die erste Jahresfeier der Revolution vom 14. Juli 1790 an. Die *Nationalfeiertage* enden abends mit aufwändigen Feuerwerken.

Der heutige Umgang mit dem 14. Juli geht nicht unmittelbar und durchgängig auf die Revolution von 1789 zurück. Er ist das Ergebnis von Deutungen und Mystifizierungen. Erst in einer politischen Krisenzeit konnten die Republikaner 1880 den 14. Juli gegen den massiven Widerstand der Monarchisten zum Nationalfeiertag machen. Die von den Republikanern inszenierte Hundertjahrfeier der Revolution 1889 stand noch unter dem Leitmotiv „Eintracht und Befriedung" der innenpolitisch stark zerstrittenen Nation. Erst die militärischen Erfolge Frankreichs über das Deutsche Reich und seine Verbündeten im Ersten und Zweiten Weltkrieg trugen dazu bei, den 14. Juli fast ganz aus seiner ursprünglichen Bedeutung herauszulösen und zu einem Tag der wehrhaften Nation zu machen. In den Grundzügen ist dies bis heute so geblieben.

1989, zur Zweihundertjahrfeier der Revolution (*Bicentenaire de la révolution*), fanden in Frankreich über 6000 Veranstaltungen statt. Sie reichten vom Staatsakt mit Militärparaden über wissenschaftliche Tagungen und Straßenfeste bis zur Pflanzung von Freiheitsbäumen. Dabei wurde aber nicht nur an den „Sturm auf die Bastille" vom 14. Juli und die Einheit der Nation erinnert, sondern auch an die internationale Bedeutung der Erklärung der Menschen- und Bürgerrechte vom 26. August 1789.

Internettipp
Weitere Informationen zum Nationalfeiertag am 14. Juli finden Sie unter dem Code **32038-06**.

Was macht den 14. Juli zum Mythos? | Von Anfang an wurde dem Sturm auf die Bastille am 14. Juli 1789 eine besondere Bedeutung gegeben. Das sahen schon die Zeitgenossen so (→M1). Aber worauf beruhte die außerordentliche Symbolkraft der „Bastille"? Die Antwort der Historikerinnen und Historiker lautet: Sie gründete vor allem darauf, dass

- der „Staatskerker" als „Zwingburg der Despoten" und „Ort des Schreckens" galt;
- das Volk die Festung im Sturm eroberte,
- das Volk die willkürlich verhafteten und seit Jahrzehnten in Ketten liegenden Kritiker des Despotismus befreite,
- die Bastille zerstört und „vermarktet" wurde,
- man die „Sieger der Bastille" zu „Helden der Nation" machte und
- man seit dem 14. Juli 1790 des Bastille-Sturms öffentlich gedachte.

Sansculotten tragen ein Modell der Bastille.
Gouache der Brüder Lesueur, 1790/91. Solche Bastille-Modelle wurden bei Umzügen durch die Städte getragen.

Diese Gründe sind, wie die Forschung belegt hat, das „Ergebnis eines kollektiven Mystifizierungsprozesses" (*Rolf Reichardt*). Folgende Argumente sprechen für diese Behauptung:

In zahlreichen vorrevolutionären Schriften, die oft von ehemaligen Häftlingen stammten, wurde die Bastille immer wieder als Ort der despotischen Willkür dargestellt, in der unschuldige Vorkämpfer der Freiheit in menschenunwürdigen Kerkern um ihr Überleben kämpfen mussten. Diese Schilderungen entsprachen aber 1789 nicht mehr den Tatsachen. Die Bastille war ein fast leeres und unbedeutendes Gefängnis.

Die Bastille wurde nicht im Sturm erobert. Sie war nach einer chaotischen, militärisch wenig wirksamen Belagerung den Aufständischen übergeben worden. 98 Angreifer und sieben Verteidiger kamen dabei ums Leben. Der „Blutzoll" für die befreiende Tat rechtfertigte nicht die anschließende Lynchjustiz der aufständischen Menge an dem gefangenen Gouverneur der Bastille und dem Vorsteher der königlichen Stadtverwaltung, deren Köpfe man auf Piken gespießt zur Schau gestellt hatte.

Die Bastille wurde nicht eingenommen, um zu Unrecht gefangengehaltene und in finsteren Kerkern misshandelte Insassen zu befreien. Die Angreifer suchten nach Waffen und wollten die sie bedrohenden Kanonen auf den Festungstürmen beseitigen. Erst nachträglich wurde die Befreiung „unschuldiger Männer" in der Presse hervorgehoben. Dabei verschwiegen die meisten Reportagen, dass die „Befreier" nur sieben gut genährte Gefangene (zwei geistig Behinderte, vier Fälscher und ein wegen sittlicher Vergehen eingesperrter Adliger) in den Turmzimmern vorgefunden hatten. Statt über Tatsachen zu berichten, schrieb man über einen erfundenen „ehrwürdigen Greis", der „dreißig Jahre" in dem Gefängnis gesessen habe (→M2).

Der Vorsatz, die Bastille zu zerstören, entstand nicht am 14. Juli. Seit Mitte der 1780er-Jahre wurde von offizieller Seite aus erwogen, die Festung abzureißen. Noch am Abend des 14. Juli ergriff der 34-jährige Bauunternehmer Pierre-François Palloy die Gelegenheit, mit der Schleifung der Festung zu beginnen. Zwei Jahre später war die Bastille baulich nicht mehr vorhanden. Dafür lebte sie nun in den Köpfen der Menschen weiter, denn Palloy hatte sie zur Touristenattraktion gemacht, Bürgerfeste auf ihren Trümmern zelebriert, aus den Steinen Bonbonnieren, Tintenfässer, Würfelbecher und Miniatur-Bastillen machen lassen und dazu Bastille-Modelle als Zeichen der Unfreiheit in alle 83 Départements versandt. Seine revolutionäre Vermarktungsstrategie hatte den Bastille-Mythos vergrößert.

Noch am Abend des 14. Juli 1789 gab es in Paris Umzüge für die „Sieger der Bastille" (*Vainqueurs de la Bastille*). Wie römische Imperatoren sollen sie triumphierend durch die Straßen gefahren worden sein. Im Juni 1790 verlieh die Nationalversammlung den offiziell ermittelten 863 „Vainqueurs" (darunter eine Frau und elf deutsche Männer) Vorrechte und Ehrenzeichen dafür, dass sie „ihr Leben aufs Spiel gesetzt hatten, um ihr Vaterland zu befreien und das Joch der Sklaverei abzuschütteln".

Fest der Föderation auf dem Marsfeld in Paris am 14. Juli 1790.
Kolorierter Druck aus Frankreich, Ende des 18. Jahrhunderts.
Das Marsfeld, ein Truppenübungsplatz, befand sich dort, wo heute der Eiffelturm steht. Vor der Militärschule, die rechts im Bildhintergrund zu sehen ist, stand ein Zelt für den König. Auf der gegenüberliegenden Seite der Tribüne, auf der die königliche Familie Platz genommen hatte, war der „Altar des Vaterlandes" errichtet worden, an dem Marie Joseph Lafayette, der Kommandeur der Nationalgarde, als Erster den Eid auf „die Nation, das Gesetz und den König" vor 300 000 Menschen ablegte.

Zu den Vorrechten der „Vainqueurs" gehörte es, auf dem Föderationsfest vom 14. Juli 1790 auf einer Ehrentribüne sitzen zu dürfen. Das am ersten Jahrestag des Bastille-Sturms auf dem Pariser Marsfeld begangene Fest galt weniger diesem Ereignis als der Beschwörung der Einheit der Nation. Nationalgardisten aus allen 83 Départements legten hier gemeinsam mit den königlichen Linientruppen feierlich einen Eid auf „die Nation, das Gesetz und den König" ab.

Die gemeinsame Erinnerung an dieses nationale Föderationsfest, das zum Vorbild aller weiteren öffentlichen Revolutionsfeiern wurde, ließ die Kontroversen zwischen Republikanern, Konservativen und Royalisten um die Opfer der Revolution allmählich vergessen. Langfristig trug es dazu bei, dass die Mehrheit der Franzosen den am 6. Juli 1880 durch Gesetz verkündeten 14. Juli als Nationalfeiertag annahm (➔M3 bis M6).

Welche historische Bedeutung bleibt dem „Bastille-Sturm"? | Die Entmythologisierung des 14. Juli sollte nicht dessen historische Einordnung vergessen lassen. Auf der einen Seite erinnerten Personen aus Wissenschaft und Politik daran, dass der Bastille-Sturm unnötig und der Anfang der „Schreckenszeit" gewesen sei. Die eigentliche Revolution habe bereits zuvor mit der Entstehung der Nationalversammlung (17. Juni) und dem Ballhausschwur (20. Juni) stattgefunden, außerdem lag den Abgeordneten seit dem 11. Juli der Entwurf für die Erklärung der Menschen- und Bürgerrechte vor.

Auf der anderen Seite wurde darauf verwiesen, dass am 14. Juli die Nationalversammlung von der Auflösung bedroht, der wichtigste Minister entlassen und das Militär um Paris aufmarschiert war. Erst am 14. Juli siegte „die Entschlossenheit über die Zögerlichkeit", indem das Volk von Paris „das Heft der Politik selbst in die Hand" nahm, so der Historiker Erich Pelzer. Der König zog die Truppen zurück, holte den am 11. Juli entlassenen, populären Minister Jacques Necker wieder ins Amt und steckte sich am 17. Juli auf dem Festakt zum Gedenken an die Opfer des 14. Juli in Paris unter dem Jubel der Bevölkerung die ihm überreichte blau-rote Kokarde zu seiner lilienweißen an die Hutkrempe. Ein Zurück zu den alten Zuständen war danach nicht mehr möglich.

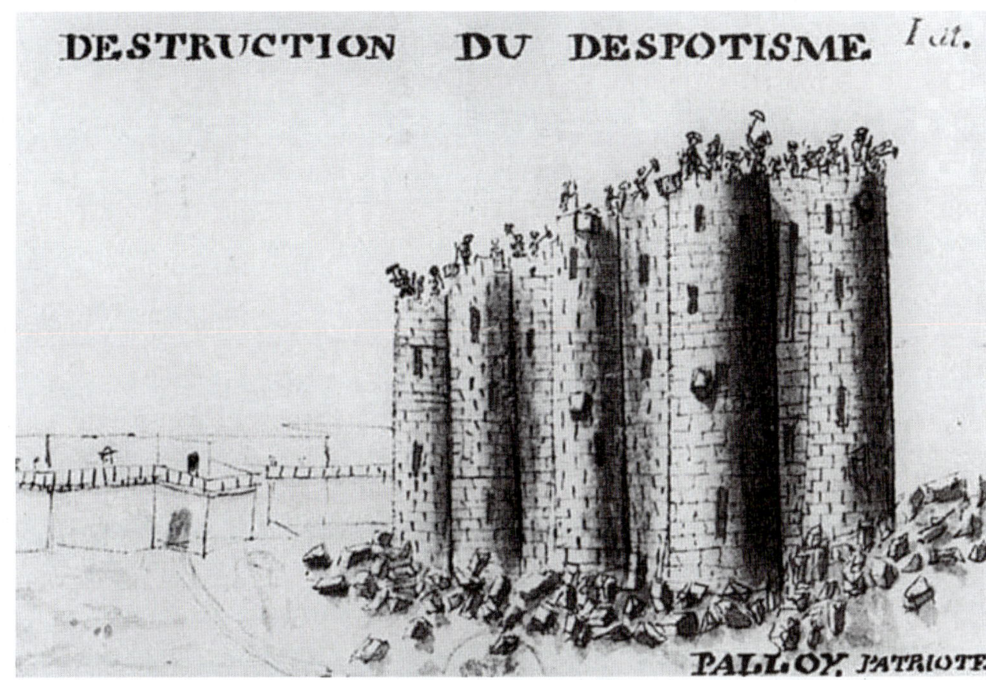

„Niederschlagung des Despotismus."
Radierung (70 x 93 cm) von Pierre-François Palloy, 1789.

▶ Analysieren Sie die Bildsymbolik.

M1 Zeitzeugenbewertungen

Am 15. Juli 1789 verkündet der 48-jährige Journalist Antoine Joseph Gorsas im „Courrier de Versailles":

Dieser gestrige Kampftag wird als ewig denkwürdig in den Festkalender unserer Geschichte eingehen. Er bereitet die größte und vielleicht glücklichste Umwälzung vor!

Der englische Botschafter Lord Dorset berichtet am 16. Juli 1789 aus Paris an den Duke of Leeds:

Auf diese Weise, Mylord, hat sich die größte Revolution vollzogen, die es je in der Geschichte gab, und wenn man das Gewicht der Ergebnisse in Betracht zieht, hat sie verhältnismäßig wenig Blut gekostet. Von diesem Augenblick können wir Frankreich als ein befreites Land betrachten, den König als einen Monarchen mit sehr eingeschränkter Macht, und der Adel ist mit dem Rest der Nation auf das gleiche Niveau gerückt.

Der englische Arzt Dr. Edward Rigby hält sich seit Anfang Juli als Tourist in Paris auf. Seiner Familie schreibt der 42-Jährige am 19. Juli:

Ich bin Zeuge der außerordentlichsten Revolution gewesen, die vielleicht jemals in der menschlichen Gesellschaft stattgefunden hat. Ein großes und weises Volk kämpfte für die Freiheit und Rechte der Menschheit; sein Mut, seine Umsicht und seine Ausdauer sind mit Erfolg belohnt worden, und ein Ereignis, das zum Glück und Gedeihen von Millionen ihrer Nachkommen beitragen wird, ist mit sehr geringem Blutverlust und mit einer Unterbrechung der Alltagsgeschäfte von nur wenigen Tagen eingetreten.

Der Arzt, Naturwissenschaftler und Publizist Jean-Paul Marat ist bei Beginn der Revolution 46 Jahre alt. Er wird Vertreter der radikalen städtischen Volksbewegung. Am 30. Juni 1790 bilanziert er in seiner Zeitung „L'Ami du Peuple" („Der Volksfreund"):

Es steht fest, dass wir die Revolution dem Aufstand des einfachen Volkes verdanken; und es ist nicht weniger gewiss, dass die Einnahme der Bastille hauptsächlich Zehntausenden armen Arbeitern der Vorstadt Saint-Antoine zu verdanken war.

Erster Text: Walter Markov, Revolution im Zeugenstand. Frankreich 1789-1799, Bd. 1: Aussagen und Analysen, Leipzig [2]1986, S. 80 f.; zweiter Text: Erich Pelzer, 14. Juli 1789 – Geschichte und Mythos eines denkwürdigen Tages, in: Wolfgang Krieger (Hrsg.), Und keine Schlacht bei Marathon. Große Ereignisse und Mythen der europäischen Geschichte, Stuttgart [2]2006, S. 194; dritter Text: Gustav Landauer, Briefe aus der Französischen Revolution, Bd. 2, Berlin (Ost) [3]1985, S. 134 f.; vierter Text: Walter Markov, a.a.O., S. 78 f.

1. Fassen Sie die Aussagen der Zeitzeugen zusammen.
2. Ordnen Sie die Aussagen begründet in den historischen Kontext ein. | H

Der Nationalfeiertag am 14. Juli 1880.
Gemälde (175 x 370 cm) von Alfred Roll, 1882.

▶ Vergleichen Sie, wie 1880 und 2019 (siehe Seite 36) der 14. Juli in Frankreich gefeiert wurde.

M2 „Erinnert Euch immer …"

Eine der populärsten Flugschriften über den Sturm auf die Bastille, der Lebensbericht des fiktiven Bastille-Gefangenen Comte de Lorges, erscheint im September 1789; sie endet mit folgendem Aufruf:

Erinnert Euch immer dieses denkwürdigen Tages in den Annalen der Geschichte Frankreichs; es schlug zwölf, und plötzlich war ein dumpfes Geräusch zu vernehmen, das bis in die Tiefe meines Kerkers hinabhallte. […] Das Geräusch hörte auf, und bald darauf erklangen Triumph- und Freudengesänge in meinen Ohren. Die Soldaten der Freiheit kommen in Massen heran, die Türen meines Kerkers bersten unter den mächtigen Schlägen der Belagerer. […] Ich möchte ewig feiern, ja, ich möchte, dass dieser vierzehnte Tag des Monats Juli ein Festtag werde und dass die Reste meines Vermögens dafür verwendet werden, jedes Jahr fünf Gefangene, die durch ein übereiltes Urteil in Ketten gelegt wurden, zu befreien.

Zitiert nach: Hans-Jürgen Lüsebrink und Rolf Reichardt, Die Bastille. Zur Symbolgeschichte von Herrschaft und Freiheit, Frankfurt am Main 1990, S. 167

▶ M2 und M1 auf Seite 39 liefern Material für einen „kollektiven Mystifizierungsprozess" (Rolf Reichardt). Erläutern Sie diese Aussage.

M3 Vorschlag

Am 21. Mai 1880 stellen 64 Abgeordnete der Deputiertenkammer den Gesetzesantrag, den 14. Juli zum Nationalfeiertag zu erklären. In der entscheidenden Sitzung am 8. Juni 1880 rechtfertigt der radikale Abgeordnete Antoine Achard den Antrag so:

Er erinnert an den Bastille-Sturm vom 14. Juli 1789 und zugleich an das Bundesfest vom 14. Juli 1790. Der Bastille-Sturm war das ruhmreiche Vorspiel, der erste Akt der Revolution; er beschloss die alte Welt und eröffnete die neue Welt. […] Das Bundesfest hat die moderne Welt geschaffen [… und] auf unzerstörbarer Grundlage die Einheit des Vaterlandes begründet. (*Auf der Linken: sehr gut, sehr gut!*) – Das Volk […] hat den 14. Juli immer mehr als jeden anderen Gedenktag gefeiert; er ist sein Fest, weil er das Fest der Freiheit des Vaterlandes war. – Wir schlagen ihnen also in gewisser Weise die Bestätigung eines Volksfestes vor.

Zitiert nach: Hans-Jürgen Lüsebrink und Rolf Reichardt, a.a.O., S. 247

1. Geben Sie die Argumente wieder, die für den 14. Juli als Nationalfeiertag sprechen. | F
2. Erläutern Sie den Kompromisscharakter des Vorschlags.

M4 Widerstand

Die Julifeiern von 1880 eröffnen das Jahrzehnt eines regelrechten Kulturkampfes um die Bedeutung des 14. Juli. Das katholisch und monarchisch gesonnene Frankreich wehrt sich dagegen. In einem 1880 in Grenoble veröffentlichten Beitrag heißt es:

Der 14. Juli 1789 war selbst und in seinen Folgen ein Tag der Unordnung des aufständischen betrunkenen Pöbels, ein Tag der Niedertracht und Lüge, ein Tag des Eidbruchs, ein Tag der militärischen Gehorsamsverweigerung, Fahnenflucht und des Verrats, ein Tag der Plünderungen, der tierischen Barbarei und des Kannibalismus. [...] Kurz, er bedeutet die Freigabe aller Verbrechen und den eigentlichen Beginn jener revolutionären Epoche, die zu Recht Terreur genannt wird.

Zitiert nach: Hans-Jürgen Lüsebrink und Rolf Reichardt, a. a. O., S. 250

1. Analysieren Sie die Kontroverse, die der Erklärung des 14. Juli zum Nationalfeiertag vorausging. Beziehen Sie auch M3 mit ein.
2. Erörtern Sie, inwiefern der 14. Juli als Nationalfeiertag geeignet ist.

M5 „Es lebe die Republik!"

Der Präfekt des südwestlichen Départements Corrèze versendet 1901 folgendes Rundschreiben an alle Bürgermeister:

Wie alle Jahre sind Sie auch diesmal wieder aufgerufen, das nationale Fest, das Fest der Republik zu begehen. Sie werden dem Jahrestag des Bastille-Sturms umso mehr Glanz verleihen, als er das Fest der Regierung geworden ist. [...] Sie schmücken die öffentlichen Gebäude mit den drei Farben, welche die Revolution Frankreich beschert hat. Sie sorgen dafür, dass Schüler, Frauen und Männer zu Banketten, zum Tanz und zu Spielen zusammenkommen. Sie lassen insbesondere das Alter und die Kindheit ehren. Möge eine Gefühlsgemeinschaft für Frieden und Freiheit Ihre Versammlung beseelen, möge aus der Brust aller Bürger ein einziger Ruf erschallen: Es lebe die Republik!

In einem Handbuch mit Musterreden für Bürgermeister, Schuldirektoren und alle Repräsentanten des öffentliches Lebens, das erstmals 1909 veröffentlicht und zuletzt 1983 wiederaufgelegt worden ist, heißt es:

Eine Festung, ein Gefängnis, ein Grab, wo Schuldige wie Unschuldige bei lebendigem Leibe verfaulten, wie es den Großen gefiel. Die Bastille war gleichsam das Symbol, das sichtbare Zeichen des königlichen Despotismus. [...] Ihr bloßer Name versetzte die Tapfersten in Schrecken. [...] Doch 1789 verlieh eine großmütige Wut über die Ungerechtigkeit und Unterdrückung der Könige dem Volk von Paris ungeahnte Kraft; mit Gewalt bemächtigte es sich dieser geheimnisumwitterten Festung, die als uneinnehmbar galt. Und es gab den Gefangenen die Freiheit zurück, den Opfern einer Autokratie, die es nicht länger ertrug. [...] Mit der Einnahme der Bastille [...] beginnt das Zeitalter des Fortschritts und der Freiheit.

Erster Text zitiert nach: Hans-Jürgen Lüsebrink und Rolf Reichardt, a. a. O., S. 253; zweiter Text zitiert nach: ebda, S. 253

- ▶ Charakterisieren Sie anhand von M5, wie sich die „amtliche" Erinnerungsarbeit veränderte.

M6 „Ein Angriff auf die gesamte freie Welt"

Am 15. Juli 2016, einen Tag nach einem Terroranschlag in Nizza, schreibt der damalige Bundespräsident Joachim Gauck an den französischen Präsidenten François Hollande:

Mit Entsetzen habe ich [...] von dem brutalen Anschlag auf friedlich feiernde Menschen in Nizza erfahren. Der 14. Juli, der Tag, an dem Frankreich seinen Nationalfeiertag begeht, steht für die Werte der Französischen Revolution, die auch unsere Werte sind. Ein Angriff auf Frankreich ist deshalb ein Angriff auf die gesamte freie Welt.

© Bundespräsidialamt, https://www.bundespraesident.de/SharedDocs/Berichte/DE/Joachim-Gauck/2016/07/160715-Kondolenz-Nizza.html (Zugriff: 10. März 2023)

1. Analysieren Sie den Text und erklären Sie, von welchen Werten der Autor spricht.
2. Erklären Sie, weshalb Joachim Gauck den Anschlag als „Angriff auf die gesamte freie Welt" (vgl. Zeile 6) versteht. | F

Mythos „Oktoberrevolution"

Bolschewiki (russ. „Mehrheitler"): 1903 entstandener radikaler Flügel der Russischen Sozialdemokratischen Arbeiterpartei. 1918 erklärte sich die Gruppierung zur „Kommunistischen Partei Russlands, Bolschewiki" (KPR (B)), 1952 wurde sie umbenannt in „Kommunistische Partei der Sowjetunion" (KPdSU).

Oktober-Umsturz | Als Oktoberrevolution wird der gewaltsame Machtwechsel in Russland im Spätjahr 1917 bezeichnet, der zur Errichtung einer Räterepublik (Sowjetrepublik) führte. Am 25. Oktober (nach dem geltenden Julianischen Kalender) unternahmen die **Bolschewiki** unter Führung von *Wladimir Iljitsch Lenin* einen Putsch in der damaligen Hauptstadt Petrograd, dem früheren St. Petersburg. Bewaffnete Anhänger der Bolschewiki besetzten zentrale Einrichtungen wie Bahnhöfe und Telegrafenämter. Ministerpräsident *Alexander Kerenski*, der Leiter der Provisorischen Regierung, trat die Flucht an, die übrigen Mitglieder seines Kabinetts wurden in der Nacht zum 26. Oktober im ehemaligen Winterpalais des Zaren festgenommen. Der Umsturz in Petrograd verlief weitgehend unblutig, nur in Moskau kam es zu Kämpfen, ehe auch dort die Bolschewiki die Kontrolle erlangten.

Revolution? | Der Begriff „Revolution" scheint für diese Vorgänge zweifelhaft. In der Bevölkerung wurden sie zunächst kaum wahrgenommen, während die Gegner der Bolschewiki von einem illegalen Gewaltstreich sprachen und vorhersagten, das neue Regime werde sich nicht lange halten. Revolutionär war vielmehr das, was vor und nach den Oktoberereignissen in Russland stattfand.

Im Februar 1917 war die jahrhundertealte Herrschaft der Zaren zusammengebrochen. *Nikolaus II.* hatte das Land in den Ersten Weltkrieg (1914–1918) geführt und dabei an den Rand des Ruins gebracht. Massenstreiks der arbeitenden Bevölkerung und Meutereien unter den Soldaten zwangen den Zaren zur Abdankung. An seine Stelle trat die erwähnte Provisorische Regierung. Sie versprach Wahlen zu einer *Verfassunggebenden Versammlung*, setzte jedoch den Krieg fort. Zugleich bildeten sich im ganzen Land *Räte* (*Sowjets*) zur Vertretung von Arbeitern, Soldaten und Bauern. Die unklaren Machtverhältnisse seit der *Februarrevolution* wie auch die allgemeine Unzufriedenheit nutzten schließlich Lenin und die Bolschewiki für den nächsten Regimewechsel. Die neuen Machthaber übernahmen die Kontrolle in den Sowjets, lösten im Januar 1918 die Verfassunggebende Versammlung auf und beendeten mit dem *Frieden von Brest-Litowsk* (März 1918) den Krieg für Russland. Gegen die Bolschewiki erhob sich Widerstand im Innern, der anfangs auch militärische Hilfe aus dem Ausland erhielt. Darüber brach ein *Bürgerkrieg* aus, der bis 1922 andauerte und in dem sich die Bolschewiki am Ende behaupteten.

Seither wurden Staat, Wirtschaft und Gesellschaft von der Alleinherrschaft der Bolschewiki diktiert und nach deren Vorstellungen umgestaltet. Das noch wenig industrialisierte Russland sollte auf schnellstem Weg zu einer modernen Industrienation umgeformt werden. Dabei wollten die Bolschewiki nicht den Weg westlicher Länder gehen, sondern folgten der Ideologie des *Marxismus* in seiner Weiterentwicklung durch Lenin (*Marxismus-Leninismus*). Die bislang recht- und besitzlosen Proletarier sollten – angeführt von den Bolschewiki – die besitzenden Schichten enteignen und einen Arbeiter- und Bauernstaat errichten. In ihm würden alle Klassengegensätze beseitigt und ein System des *Sozialismus* geschaffen, das schließlich in einer klassenlosen Gesellschaft (*Kommunismus*) aufgehen sollte.

Gründungsmythos | Die Herrschaft der Bolschewiki erwies sich als dauerhaft. Das hing mit der Uneinigkeit ihrer Gegner zusammen, ebenso mit der Bereitschaft zu Gewalt und Terror, die Lenin für sich und seine Partei zum Grundsatz erhob. Um ihr Regime zu festigen und Anhänger zu sammeln, versuchten die Bolschewiki jedoch auch, eine Vorstellung von den Inhalten und Zielen der Partei zu verbreiten. Dazu wurde die Bevölkerung über Plakate und Flugblätter, Zeitungen, Radio und Kundgebungen mit politischen Botschaften bearbeitet. Ebenso veranstalteten die Machthaber regelmäßige Feste und Umzüge. Trauerfeiern für verstorbene Parteimitglieder und Gefallene des Bürgerkrieges dienten als politische Demonstrationen. Bei allen Anlässen bestimmten rote Fahnen und Banner das Bild. Rot war die Farbe der internationalen Arbeiterbewegung. Als deren entschiedenste Vorkämpfer sahen sich die Bolschewiki, obwohl sie ursprünglich nur eine Splittergruppe innerhalb der Russischen Sozialdemokratischen Arbeiterpartei gewesen waren.

Den Höhepunkt der verklärenden Selbstdarstellung bildete das Gedenken an die Machtübernahme vom Oktober 1917. Sie wurde als „Große Sozialistische Oktoberrevolution" oder auch als „Roter Oktober" erinnert. An diesen Bezeichnungen hielt das Regime fest, obwohl es 1918 den alten Kalender reformierte und das Datum der „Revolution" nun auf den 7. und 8. November fiel. Den 7. November beging man in Russland künftig als höchsten Feiertag, mit Ansprachen und Militärparaden. Darin wurde der Umsturz als Aufbruch in den Sozialismus verherrlicht. Die Oktoberrevolution galt als Geburtsstunde Sowjetrusslands, als *Gründungsmythos*. Ihn teilten bald auch benachbarte Staaten wie Weißrussland oder die Ukraine, in denen die Bolschewiki gleichfalls die Macht erlangten und die sich 1922 mit Russland zur „Union der Sozialistischen Sowjetrepubliken" (*Sowjetunion*) zusammenschlossen.

Erzählungen, Figuren, Orte und Bilder | In seinen Einzelheiten entstand der Mythos erst im Lauf der 1920er-Jahre. Die Bolschewiki sammelten systematisch Aussagen von Zeitzeugen, Berichte und Bildmaterial. Ihr Ziel war jedoch keine kritische Aufarbeitung, sondern eine möglichst eindrucksvolle Geschichte, vom Aufstieg der Partei bis zum Ende des Bürgerkrieges. Gleichzeitig diente diese Rückschau zur Abgrenzung von politischen Gegnern (➔M1).

Mit dem unerwarteten Tod Lenins im Januar 1924 ergab sich eine neue Situation. Nun wurde der Staatsgründer selbst zum Gegenstand mythischer Verklärung. Lenins Nachfolger feierten ihn als das eigentliche Genie der Revolution, als Vordenker, Organisator und Garanten des Sieges. Zum Gründungsmythos trat nun der *Personenkult* um den verstorbenen Lenin (➔M2).

Der Mythos benötigte neben dem Datum (7. November) und einem „Gesicht" (Lenin) auch einen symbolischen Schauplatz, einen *Erinnerungsort*. In den ersten Jahren war das Smolny-Institut in Petrograd der Mittelpunkt für Gedenkfeiern, da hier anfangs die Regierung der Bolschewiki und der Allrussische Sowjetkongress tagten. Bald jedoch rückte das ehemalige Winterpalais des Zaren ins Zentrum der Erinnerung. Das Schloss bot bereits im November 1920 die Kulisse für ein Massenschauspiel, das die Absetzung der Provisorischen Regierung von 1917 nachstellte. Das Geschehen wurde stark dramatisiert und als heldenhafte „Erstürmung" aufgeführt, die in dieser Form nicht stattgefunden hatte.

Für das zehnjährige Jubiläum des „Roten Oktober" im November 1927 gab die Regierung mehrere Spielfilme in Auftrag. Das Medium Film steckte noch in den Anfängen, doch das sowjetische Kino setzte bereits internationale Maßstäbe. Der aufwändigste Beitrag zum Jubiläum war der Stummfilm „Oktober" unter der Regie von **Sergei Eisenstein** und *Grigori Alexandrow*. Der Film gab vor, die Bolschewiki unter Lenin hätten Seite an Seite mit heldenhaft kämpfenden Volksmassen den notwendigen Regimewechsel herbeigeführt. Eisenstein und sein Team drehten an Originalschauplätzen, wurden von Zeitzeugen beraten und boten insgesamt mehr als hunderttausend Mitwirkende auf. Wie im Schauspiel von 1920 bekam das Publikum einen gewaltigen Sturmangriff auf das Winterpalais zu sehen. Die Bilder des Films prägten seither im In- wie im Ausland die allgemeine Anschauung vom Geschehen im Oktober 1917. Da es aus dieser Zeit kaum Originalaufnahmen gibt, verwenden Dokumentationen bis in die Gegenwart Szenen des Spielfilms (➔M3).

Sergei Michailowitsch Eisenstein (1898–1948): sowjetischer Regisseur und Filmtheoretiker. Innerhalb seines Werkes widmen sich die drei Spielfilme „Streik", „Panzerkreuzer Potemkin" (beide 1925) und „Oktober" (1928) der revolutionären Vergangenheit in Russland.

Vorbild und Feindbild | Die Bolschewiki verstanden den Kampf für den Sozialismus stets als Aufgabe der ganzen Menschheit. Der „Rote Oktober" war auch als Signal an andere Länder gedacht, dort ebenfalls den Umsturz zu versuchen. Bis Mitte der 1920er-Jahre gab es zahlreiche derartige Ansätze, etwa in Ungarn, Bulgarien oder Deutschland, die dort jeweils erfolglos blieben. Dies schien die Bedeutung des Umsturzes in Russland noch zu unterstreichen und seinen Mythos zu verstärken, insofern ein Sieg des Sozialismus allein durch Lenin und die Bolschewiki habe gelingen können. Im März 1919 hatten die Bolschewiki die „Kommunistische Internationale" (*Komintern*) ins Leben gerufen, eine Organisation, die von Moskau aus die Gründung kommunistischer Parteien im Ausland förderte und sie politisch und weltanschaulich anleitete. Damit erfuhr auch der Mythos der Oktoberrevolution internationale Verbreitung.

In den westlichen Industrieländern riefen jedoch die Berichte über die Gewaltherrschaft der Bolschewiki vor allem Ängste hervor, die sich teils in offenen Hass gegen Kommunisten entluden. Vor dem Hintergrund eines verbreiteten Antisemitismus entstanden in den 1920er- und 30er-Jahren haltlose Verschwörungstheorien, die Bolschewiki seien nichts als eine Clique von Juden, die den Umsturz der bürgerlichen Gesellschaften in aller Welt planten. Zudem schürten die Nationalsozialisten das Feindbild vom „jüdischen Bolschewismus", das in Deutschland und anderen Ländern großen Anklang fand.

Mythos im Weltmaßstab | Im Zweiten Weltkrieg (1939–1945) kämpfte die Sowjetunion um ihr Überleben. Zur Abwehr des deutschen Vernichtungskrieges rief der sowjetische Diktator *Josef Stalin* zum „Großen Vaterländischen Krieg" auf. Er endete 1945 mit dem Sieg über Hitlerdeutschland und schuf für die Sowjetunion einen Verteidigungsmythos. Ebenso wurde der Gründungsmythos der Oktoberrevolution erneuert, denn der Staat, der einst aus diesem Umsturz hervorgegangen war, hatte sich wiederum gegen existenzielle Gefahr zu behaupten vermocht. Als die Sowjetunion nach 1944/45 ihren Machtbereich bis nach Mitteleuropa ausdehnte, übernahmen diese nunmehr sozialistisch regierten Staaten, darunter die 1949 gegründete DDR, den Mythos der Oktoberrevolution. Das Modell einer Erhebung unter Führung einer sozialistischen Partei, die „Erfolgsformel" des Oktober 1917, diente auch als Leitbild für Unabhängigkeits- und Widerstandsbewegungen in Asien, Afrika und Lateinamerika, die nach dem Zweiten Weltkrieg die Befreiung von westlicher Kolonialherrschaft oder Kontrolle anstrebten. Von 1945 bis in die 70er-Jahre entfaltete der Mythos „Oktoberrevolution" daher weltweite Strahlkraft.

Vorbereitungen für den Jahrestag der Oktoberrevolution auf dem Roten Platz in Moskau.
Foto von 1972.
2004 wurde der 7. November in Russland als Feiertag abgeschafft. Seit 2005 begeht das Land das Datum als „Tag des militärischen Ruhmes". Erinnert wird an die Militärparade in Moskau 1941, an die sich die Verteidigung der sowjetischen Hauptstadt anschloss, ein Wendepunkt im Krieg gegen das nationalsozialistische Deutschland.

- ▶ Recherchieren Sie im Internet über den Ablauf der Feiern zum 7. November, wie sie in der Sowjetunion üblich waren.
- ▶ Erörtern Sie, ob und inwieweit in den heutigen Feiern zum 7. November in Russland der Mythos „Oktoberrevolution" eine Abwandlung oder Fortsetzung findet.

„Erben" des Oktober-Mythos | Mit dem Zerfall und der Auflösung der Sowjetunion 1990/91 wurde auch ihr Gründungsmythos hinfällig. In Russland kam es in den 1990er-Jahren zu einer kritischen Neubewertung der Herrschaft Lenins und der Bolschewiki, die das bisherige Geschichtsbild korrigierte. In der russischen Gesellschaft der Gegenwart finden die Ereignisse von 1917 nur noch wenig Interesse. In Ländern wie China, Kuba oder Vietnam, die sich weiterhin zum Sozialismus bekennen, besitzt das Gedenken an den Oktober 1917 dagegen immer noch einen hohen Stellenwert (→ M4).

M1 Der Oktober 1917 als „Leerstelle"

*Der Historiker Dietmar Neutatz (*1964) beschreibt die Entstehung eines von den Bolschewiki gewünschten Bildes der Oktoberereignisse 1917:*

In den Umsturz vom Oktober 1917 waren vergleichsweise wenige Akteure involviert gewesen. Das widersprach zwar zum einen der offiziellen Version von einer spontanen Erhebung der Massen, erleichterte den neuen Machthabern aber umgekehrt, ihre Lesart durch eine zielstrebige Geschichts- und Bewusstseinsproduktion unters Volk zu bringen. Die Erinnerungsleerstelle „Revolution" aus dem Oktober 1917 wurde in den Jahren danach durch geeignete Maßnahmen mit Inhalten angereichert, die das gewünschte Bild evozierten[1].

Es gibt nur wenige Fotos und Filmaufnahmen aus dem Herbst 1917. Das ist für die Historiker und Historikerinnen ein Problem; für die Bolschewiki war es ein Glücksfall, denn sie konnten die Lücke mit nachgestellten Inszenierungen, gemalten Bildern und vor allem mit Spielfilmen füllen. Was es an Originalaufnahmen gab, wurde streng kontrolliert. Seit dem Oktober 1917 achteten die Bolschewiki darauf, dass nur solche Dinge gefilmt wurden, die im Sinne ihrer Selbstdarstellung waren.

Die Wirkung dieses Zusammentreffens von Mangel, Kontrolle und Filmproduktion war groß: Die Inszenierungen und die Spielfilme traten an die Stelle der Wirklichkeit, und ihre Bilder brannten sich in die kollektive Erinnerung ein, indem sie ständig in unzähligen Variationen wiederholt wurden. Sie überschrieben die individuelle Erinnerung an die Ereignisse von 1917. Um diesen Prozess zu fördern, richtete die Partei Geschichtskommissionen ein, die die Akteure von 1917 dabei unterstützten, ihre Erinnerungen so zu erzählen, dass sie in das von der Partei bereitgestellte Rahmennarrativ hineinpassten. Auf diese Weise wurde das Erinnern der Zeitgenossen und Zeitgenossinnen gezielt in eine vorgegebene Richtung gelenkt.

Am Ende verinnerlichten sogar diejenigen, die 1917 dabei gewesen waren, die neue Version. Nikolaj Podvojskij, ein Rotgardist, der an der Verhaftung der Provisorischen Regierung teilgenommen hatte und sowohl bei dem Reenactment-Theaterstück von 1920[2] wie bei den Filmaufnahmen von 1927[3] als Berater fungierte, gab im Nachhinein an, sich nicht mehr erinnern zu können, wie er 1917 die Barrikaden überwunden hatte. Im Film klettern die Erobernden nämlich spektakulär über die Barrikaden und Torgitter. Der Zeitzeuge glaubte angesichts dessen an eine Erinnerungslücke, aber er hatte damals gar keine Barrikaden überwunden, sondern den Palast mit seinen Leuten durch eine unverschlossene Hintertür betreten.

Dietmar Neutatz, Ėjzenštejns *Oktober* und die Macht der Bilder, in: Elena Korowin und Jurij Lileev (Hrsg.), Russische Revolutionen 1917. Kulturtransfer im europäischen Raum, Paderborn 2020, S. 3–21, hier S. 12f.

1. Fassen Sie die Aussagen des Textes zusammen.
2. Charakterisieren Sie die Rolle der Bolschewiki, der Medien, der Zeitzeugen und der damaligen russischen Bevölkerung in Hinsicht auf die Oktoberereignisse 1917.
3. Gruppenarbeit: Diskutieren Sie in der Klasse allgemein über die Frage, ob historische Mythen eher durch einen Mangel oder durch ein hohes Maß an Informationen über ein Ereignis entstehen.

M2 Lenin, die Lichtgestalt

Nach dem Tod Wladimir Iljitsch Lenins im Januar 1924 veröffentlicht der II. Sowjetkongress der Sowjetunion einen Nachruf „An die werktätige Menschheit":

Von Jahrhundert zu Jahrhundert zieht sich eine Kette von qualvollen Befreiungsversuchen gegen Knechtschaft, Sklaverei und Vergewaltigung. Aber zum ersten Mal in der Weltgeschichte traten die unterdrückten Klassen in die Kampfarena und siegten. […] Zum ersten Mal fühlten sich der städtische Proletarier, der arme Bauer, der geprügelte Sklave […] als Herren des neuen Lebens, als Baumeister ihres historischen Schicksals. Zum ersten Mal in der menschlichen Geschichte sahen die arbeitenden Massen ihre eigene Kraft: ja, sie können siegen! […]

Wie ein unbezähmbarer Vulkan der revolutionären Energie war Lenin […]. Aber im Besitz des Besten, was die alte Kultur zu geben vermochte, mit der gewaltigen Waffe der marxistischen Theorie in seiner Hand, lenkte er, der Mann der Stürme und Gewitter, das brausende, alles niederschmetternde Element der Massenbewegung in das granitene Bett der revolutionären Zweckmäßigkeit und Vernunft. Seine Fähigkeit der Voraussicht war unerhört. Seine Gabe, die Massen zu organisieren, war erstaunlich. Er war der größte der Feldherren aller Länder, aller Zeiten und aller Völker. Er war der Feldherr der neuen, die Welt befreienden Menschheit.

Lenin ist tot. Aber Lenin lebt in Millionen von Herzen. Er lebt im gewaltigen Ansturm der menschlichen Massen. Er lebt im großen Bunde der Arbeiter und Bauern, der Proletarier und der unterdrückten Nationen. Er lebt in der Kollektivvernunft der Kommunistischen Partei. Er lebt in

---

[1] **evozieren** (lat.): wachrufen, vor Augen rufen

[2] Im November 1920 wurde in Petrograd das Massenschauspiel „Sturm auf den Winterpalast" aufgeführt. Unter den Mitwirkenden waren auch Teilnehmer der Auseinandersetzungen von 1917.

[3] Zum Spielfilm „Oktober" siehe M3 auf Seite 46.

der Arbeiterdiktatur, die sich, einer gewaltigen Festung gleich, an der Grenze Europas und Asiens erhebt.

An die werktätige Menschheit (Aufruf des II. Sowjetkongresses des Verbandes der Sozialistischen Sowjetrepubliken), Moskau, 26. Januar 1924, in: Nikolaj I. Bucharin u. a., Lenin. Leben und Werk, Wien 1924, S. 205–208, hier S. 205 f.

1. Ordnen Sie die verschiedenen Aussagen des Textes in Thesenform.
2. Analysieren Sie die Stilmittel, die der Nachruf verwendet.
3. Arbeiten Sie heraus, in welcher Hinsicht der Nachruf die Oktoberrevolution und Lenin zum Mythos erhebt. Ziehen Sie dazu auch den Verfassertext in diesem Kapitel heran. | H
4. Weisen Sie begründet nach, dass der Mythos um Lenin dem Machterhalt der Bolschewiki dienen sollte.

M3 Auf der Suche nach dem „heldenhaften Symbol"

*Der US-amerikanische Historiker und Schriftsteller Robert Rosenstone (*1936) setzt sich mit dem Realitätsgehalt von Eisensteins Film „Oktober" von 1928 auseinander:*

Die größte Erfindung in „Oktober", an der Kritiker unweigerlich Anstoß nehmen […], ist die „Erstürmung" des Winterpalais […]. Diese langdauernde und eindrucksvolle Schlacht ist so vollkommen fiktional, dass darüber schon zu Lebzeiten Eisensteins so manche spöttische Bemerkung die Runde machte. Am häufigsten hieß es: Beim Dreh des Films explodierten mehr Granaten als bei der ursprünglichen Einnahme des Palastes. Am zweithäufigsten: Bei der Nachstellung gab es mehr Tote und Verletzte als während der historischen Ereignisse. Die erste Aussage trifft fraglos zu, die zweite möglicherweise. Was am Abend des 7. November tatsächlich vorging, darüber gehen die Berichte deutlich auseinander – manche sagen, niemand sei damals zu Tode gekommen, andere sprechen von bis zu sechzehn Gefallenen. Die meisten Historiker sind sich einig: Es fand kein großes Feuergefecht, kein heldenhafter Sturmlauf über den Palasthof statt. Den Roten Garden leistete am Ende niemand Widerstand. Sie schlüpften einfach in den Palast, um die Mitglieder der Provisorischen Regierung festzunehmen.

Weshalb bietet uns Eisenstein dann die heroische Attacke und das Feuergefecht? […] Eisenstein benötigte dringend jene „historische Tragweite", die es nicht gab. […] Eisensteins Problem auf der Leinwand entspricht ganz demjenigen der Bolschewiki von 1917. Sie hätten den Palast ignorieren können. Regierungschef Kerenski hatte Petrograd fluchtartig verlassen. Sein Kabinett hielt sich im Palast auf, doch die Kommunikation nach draußen war abgeschnitten. Um das Land zu kontrollieren, mussten die Bolschewiki nicht die Zarenresidenz einnehmen. In symbolischer Hinsicht mussten sie es aber doch. Lenin wusste, dass eine Revolution für künftige Zeiten eines heldenhaften Symbols bedarf. Wie die Bastille sollte es das Wahrzeichen einer verdorbenen alten Welt sein, die die Revolutionäre eroberten. Ein dramatischer Film, das wusste wiederum Eisenstein, benötigt ein lohnendes Ende. Eine Auflösung, obwohl wir in diesem Film, wie bei allen historischen Stoffen, den Ausgang bereits kennen. Der Film zeigt uns bis dahin die strategischen Punkte, die auf einer Karte eingekreist sind. Ebenso die Truppen in den Straßen und das Winterpalais, eingekreist und umzingelt […]. Und doch brauchen wir eine Auflösung, eine Katharsis[1]. Auf der Leinwand wie im wirklichen Leben gilt: Die Revolution braucht ihren Höhepunkt.

Robert A. Rosenstone, October as History, in: Rethinking History 5 (2001), Heft 2, S. 255–274, hier S. 269 f. (übersetzt von Thomas Ott)

1. Geben Sie wieder, welche Funktion die „Erstürmung" des Winterpalais für Lenin und die Bolschewiki bzw. für den Regisseur Sergei Eisenstein hatte.
2. Erläutern Sie den Vergleich mit der Bastille in Frankreich (vgl. Zeile 33). Ziehen Sie dazu das Kapitel auf Seite 36 ff. heran.
3. Analysieren Sie, inwieweit der Spielfilm „Oktober" zum Mythos „Oktoberrevolution" beitragen konnte. Gehen Sie dabei auch auf mögliche Reaktionen des Publikums im In- und Ausland ein. | F
4. Eisenstein soll auf seine Kritiker in Anlehnung an Johann Wolfgang von Goethe erwidert haben: „Um der Wahrhaftigkeit willen kann man sich erlauben, der Wahrheit zu trotzen." Nehmen Sie dazu Stellung. | F

[1] **Katharsis** (altgriech.: Reinigung): Vorgang, in dem das Publikum eines Schauspiels aufwühlende Szenen durchlebt und dabei von Erregungen wie Zorn oder Schrecken befreit wird

Revolutionäre öffnen die Tore des Winterpalais.
Szenenfoto aus dem Film „Oktober", 1928.

M4 Der Oktober 1917 aus chinesischer Sicht

*Seit 1949 wird China kommunistisch regiert. Zum hundertjährigen Jubiläum der Oktoberrevolution hält Liu Qibao (*1953), ein führendes Mitglied der Kommunistischen Partei Chinas, im September 2017 in Beijing eine Ansprache. Darin heißt es:*

Die Oktoberrevolution läutete ein neues Zeitalter in der Menschheitsgeschichte ein. Seit der Urgesellschaft brachten es die Entwicklung von Formen des Zusammenlebens und der Wandel des sozialen Systems mit sich, dass auf eine Gesellschaft von Ausbeutern stets die nächste folgte, indem eine neue ausbeutende Klasse auf den Plan trat. Die Oktoberrevolution beendete das System menschlicher Ausbeutung und Unterdrückung und warf das Gesetz der Ausbeuterklasse über Bord. Eine Gesellschaft ohne Ausbeutung und Unterdrückung wurde geschaffen, ebenso ein System, in dem das Volk über sein eigenes Land herrschte. [...] Beeinflusst durch die Oktoberrevolution, wurde der Sozialismus für viele Länder zur bedeutenden Wahlmöglichkeit für nationale Unabhängigkeit, Befreiung und Entwicklung. Ein Land nach dem anderen schlug den Weg des Sozialismus ein. Ein Drittel der Weltbevölkerung lebte einst im Sozialismus, was diesem Stärke verlieh und die Alleinherrschaft des Kapitalismus durchbrach. Auf den Schultern des Sozialismus ruhten der Schutz des Weltfriedens und des internationalen Fortschritts. Der Sieg der Oktoberrevolution, speziell die Ideologie Lenins in Hinblick auf die nationale Befreiung von kolonialen und halbkolonialen Ländern, war ein mächtiger Anstoß, der die von Imperialismus und Kolonialismus unterdrückten Völker wachrief und nationale Befreiungskräfte in den Ländern unter kolonialer oder halbkolonialer Herrschaft erstehen ließ. Er beschleunigte die weltweite Auflösung der vom Imperialismus geschaffenen Kolonialreiche. Er änderte die Machtbeziehungen zwischen den Staaten und den Aufbau der Welt. Angesichts der immer deutlicheren Überlegenheit der weltweiten sozialistischen Bewegung und des sozialistischen Systems mussten viele kapitalistische Länder ihre Herrschaftsweise wiederholt anpassen und nach Verbesserungen suchen, indem sie Ansätze aus dem sozialistischen System einführten. Damit wurde versucht, die zunehmenden, grundlegenden Widersprüche innerhalb des kapitalistischen Systems zu mildern. [...]

Der Sozialismus ist kein Trugbild, das vom generellen Entwicklungspfad globaler Zivilisation wegweist. In ihm werden die herausragenden Leistungen menschlicher Zivilisation vielmehr zusammengeführt. Um den Sozialismus in chinesischer Eigenart zu erhalten und weiterzuentwickeln, müssen wir von all den bedeutenden zivilisatorischen Leistungen lernen, die die menschliche Gesellschaft hervorbringt. Lernen bedeutet jedoch nicht, blindlings dem Weg und den Entwicklungsmodellen anderer Länder zu folgen. Wir müssen stattdessen den richtigen Kurs beibehalten, standhaft und besonnen bleiben und den eigenen Weg fortsetzen. [...]

Grundlage und Gedeihen der Partei wie auch des Staates beruhen darauf, dass die Führung durch die Partei erhalten bleibt. Davon sind die Interessen und das Wohlergehen aller Menschen in China betroffen. Mit der Oktoberrevolution lieferte die Geschichte den Nachweis, dass es ohne die Führung der Kommunistischen Partei keinen Sozialismus gibt. Einzig die Kommunistische Partei kann die Menschen zur Revolution, zu Aufbau und Reform im Sinne des Sozialismus führen.

Liu Qibao, Rede auf einem Symposium zur Erinnerung an die Oktoberrevolution, 26. September 2017, englische Fassung; zitiert nach: http://www.scio.gov.cn/32618/Document/1565639/1565639.htm (Zugriff: 20. März 2023; übersetzt von Thomas Ott)

1. Gliedern Sie die Aussagen des Textes in Stichpunkten.
2. Vergleichen Sie den Inhalt der Rede mit dem Nachruf auf Lenin von 1924 in M2 auf Seite 45 f.
3. Erörtern Sie, ob und inwieweit der Text von 2017 den Mythos der Oktoberrevolution für die Gegenwart aktualisiert.
4. „Das kommunistische China: Vom Musterschüler zum Bewahrer der Oktoberrevolution". Setzen Sie sich mit dieser These auseinander.

„Trümmerfrauen" – ein gesamtdeutscher Gründungsmythos

„Trümmerfrauen" bergen Ziegelsteine im Berliner Stadtbezirk Prenzlauer Berg.
Foto vom April 1945.

Denkmal zu Ehren der „Trümmerfrauen" in Dresden.
Foto von 1990.
Das 3,15 m hohe Denkmal schuf der Bildhauer Walter Reinhold. Das Denkmal wurde am 16. Oktober 1952 in Anwesenheit zahlreicher „Trümmerfrauen" durch den Dresdener Oberbürgermeister enthüllt. Es war das erste dieser Art in der DDR.

Ein Gründungsmythos unserer Nachkriegsgesellschaft | Die *„Trümmerfrauen"* gehören „ganz selbstverständlich" zum Gründungsmythos unserer Gesellschaft. Sie hätten selbstlos und engagiert unsere im Zweiten Weltkrieg zerstörten Städte maßgeblich wieder aufgebaut, indem sie gewaltige Berge von Trümmern beseitigten. Viele Fotografien scheinen diese Vorstellung zu bestätigen; diese Bilder gehören zu unserem kollektiven Gedächtnis. Die historische Wirklichkeit stellt sich allerdings etwas komplexer dar, wie neuere Forschungen belegen können. Denn die „Trümmerfrauen" wurden bereits von den Nationalsozialisten „erfunden", um nationale Reserven im verzweifelten (und bereits völlig sinnlosen) Abwehrkampf im Vernichtungskrieg zu mobilisieren. Blickt man geschichtswissenschaftlich genauer auf die „Trümmerfrauen", erscheinen sie in einem ganz anderen Licht, und der verbreitete und beliebte Mythos wird dekonstruiert (➔M1 bis M3). Solche „Gründungsmythen" gibt es in allen Nationen in großer Zahl – sie kritisch zu befragen, dient der gesellschaftlichen Aufklärung.

M1 Der Mythos „Trümmerfrau“ als gemeinsamer „Erinnerungsort“

*Die Historikern Leonie Treber (*1980) schreibt 2015 über „Trümmerfrauen“ in der deutsch-deutschen Erinnerung:*

Die „Trümmerfrau“ stellt als Symbol für die deutsche Nachkriegszeit heute nicht nur einen konstitutiven Baustein im kollektiven Gedächtnis der Deutschen dar, sie ist […] auch auf das Engste mit dem Gründungsmythos der Bundesrepublik Deutschland verbunden. Seit den 1980er-Jahren sei sie in die Trias der gründungsmythischen Erzählung – Währungsreform, „Wirtschaftswunder“ und „Wunder von Bern“ – eingepasst worden: „Die Frauen, die nach dem Krieg die zerstörten Städte ‚enttrümmert‘ hatten, avancierten zu Vorbereiterinnen des Wirtschaftswunders, das auf diese Weise gewissermaßen in die Zeit vor 1948 verlängert wurde.“ Dieses Narrativ funktioniert jedoch nicht nur für die alte, sondern auch für die neue, wiedervereinigte Bundesrepublik. […]

Diese Transferleistung ist bemerkenswert. Denn Forschungen zum nationalen Gedächtnis belegen, dass „die Umbrüche des Jahres 1989 das kollektive Gedächtnis der betroffenen Länder in große Unruhe versetzt haben“. Insofern sind folgende Fragen zu stellen:

Überdauerte die Trümmerfrau als Teil des Gründungsmythos der alten Bundesrepublik schlichtweg die Vereinigung, auch wenn sie mit den in der DDR geprägten Erinnerungen vielleicht nicht in Einklang gebracht werden konnte, wie dies zumindest für die Erinnerungen an die Währungsreform mit der „harten D-Mark“ und das „Wirtschaftswunder“ mit dem VW-Käfer gelten muss? Oder waren die Erinnerungsbilder an die Trümmerfrau in der Bundesrepublik und DDR im Gegenteil dazu möglicherweise so kompatibel, dass sie ohne Probleme in einen gemeinsamen Erinnerungsort münden konnten? […]

Bevor der Blick auf die Erinnerungsgeschichte der Trümmerfrau gelenkt werden kann, ist es zunächst notwendig, die Geschichte der Enttrümmerung zu skizzieren, die bislang ein Forschungsdesiderat darstellte. Dies hatte wiederum zur Folge, dass anerkannte Historiker in geschichtswissenschaftlichen Gesamtüberblicken die gängigen Klischees über die Trümmerfrauen eher kolportieren, als sie infrage zu stellen. So schrieb etwa Eckart Conze 2009: „Vor allem die ‚Trümmerfrauen‘ haben ihren Platz im kollektiven Gedächtnis der Deutschen gefunden. Da die Männer erst allmählich aus der Kriegsgefangenschaft zurückkehrten, viele erst nach Jahren, war es Frauen, Kindern und Alten überlassen, die Trümmer zu beseitigen.“ Diese Darstellungen nehmen jedoch bei einer etwas genaueren Betrachtung kuriose Züge an. Denn in Deutschland lagen immerhin 400 Millionen Kubikmeter Trümmer und Schutt, sodass sich geradezu die Frage aufdrängt: Waren die Frauen mit ihren Eimerketten dazu imstande, diese Trümmermassen zu räumen?

Axel Schildt gibt darauf in seinem Überblickswerk zur Sozialgeschichte der Bundesrepublik eine deutlich negative Antwort, indem er betont, dass die Trümmerräumung entgegen symbolträchtiger Legenden maschinell mit schwerem Gerät bewältigt worden sei. Außerdem weist er darauf hin, dass die Trümmerbeseitigung ebenfalls entgegen heutiger Vorstellungen nicht erst nach dem Ende des Krieges begann, sondern ihren Ursprung bereits während des Luftkrieges hatte. Dieser Einwand ist nur allzu plausibel, schließlich mussten die durch die Luftangriffe verursachten Schäden zeitnah beseitigt werden, um das Leben während des Krieges aufrechtzuerhalten. Und so muss Schildts treffender, aber eher beiläufig formulierter These hinzugefügt werden: Bereits vor Beginn des Luftkrieges etablierten die Nationalsozialisten zentral gelenkte Maßnahmen zur Trümmerräumung, die mit der verstärkten Bombardierung durch die Alliierten beständig ausgeweitet wurden. Zum Einsatz kamen neben Bauhandwerkern und Mitgliedern unter anderem der Luftschutzpolizei, des Reichsarbeitsdienstes, der Hitler-Jugend und der Wehrmacht vor allem Zivilarbeiter, Kriegsgefangene und KZ-Häftlinge. Der massive Einsatz von Zwangsarbeitern konnotierte die Trümmerräumung deutlich als Strafarbeit. Diese Idee wurde in der Nachkriegszeit von den alliierten Militärregierungen und deutschen Stadtverwaltungen weiter fortgesetzt, denn nun wurden zuallererst ehemalige NSDAP-Mitglieder und deutsche Kriegsgefangene als Sühnemaßnahme zur Trümmerräumung eingesetzt. Davon abgesehen waren in der Nachkriegszeit in erster Linie professionelle Firmen und Gesellschaften – wie beispielsweise die Frankfurter Trümmerverwertungsgesellschaft – mit schwerem Gerät und Fachkräften die Träger der Enttrümmerung. Über die Initiierung von Bürgereinsätzen und Dienstverpflichtungen von Arbeitslosen wurde der Arbeitskräftemangel ausgeglichen. Während in der amerikanisch und in der französisch besetzen Zone die Heranziehung von Frauen zur Trümmerräumung dezidiert abgelehnt wurde, wurde in der britisch besetzten Zone zwischen 1945 und 1947 eine sehr geringe Zahl von Frauen hierfür eingesetzt. Lediglich für Berlin und die Städte der Sowjetischen Besatzungszone (SBZ) lässt sich der Einsatz von vor allem arbeitslosen Frauen zur Enttrümmerung in einem größeren Umfang nachweisen. […]

Insgesamt ist demnach festzuhalten, dass Frauen bei der Trümmerräumung eine deutlich nachgeordnete Rolle zukam. Dennoch stellen die in Berlin und der SBZ eingesetzten Bauhilfsarbeiterinnen den Kern dar, von dem aus sich der Mythos der Trümmerfrauen entspinnen lässt. Denn zeitgleich mit der Zulassung von Tageszeitungen und Frauenzeitschriften in Berlin und der SBZ 1945 beziehungsweise 1946 avancierte die enttrümmernde Frau dort zum Medienschlager. Vor allem die Berliner Berichterstattung zeichnete das Bild von den heldenhaften Berliner Frauen, die selbstlos damit begannen, die Stadt aufzuräumen. Und so waren es auch diese Zeitungsartikel, die den Begriff der „Trümmerfrau“ aus der Taufe hoben und ihn mit vielen der noch heute gängigen Stereotypen aufluden: „Frauen sahen bei ihren täglichen Gängen dieses Chaos. Aber nicht lange, denn in ihnen regte sich der Wille zur Abhilfe und zum Aufräumen. Und der Wille wuchs zur Tat – ohne Auftrag von oben [...].“ Gerade die Freiwilligkeit, mit der die Frauen angeblich ans Werk gingen, wurde beständig wiederholt.

Leonie Treber, Mythos „Trümmerfrau“: deutsch-deutsche Erinnerungen, in: Aus Politik und Zeitgeschichte, Heft 16-17/2015; zitiert nach: www.bpb.de/apuz/204282/mythos-truemmerfrau?p=all (Zugriff: 19. April 2023; ohne Anmerkungen)

1. Gliedern Sie den Text in sinnvolle Abschnitte und versehen Sie diese mit passenden Überschriften.
2. Gruppenarbeit: Diskutieren Sie, warum sich die „Trümmerfrau“ als „deutsche Identifikationsfigur“ anbot. Ziehen Sie dazu auch M2 und M3 auf Seite 50 f. heran. | H | F

M2 „Trümmerfrauen“ im Bild

*Die Historikerin Marita Krauss (*1956) setzt sich in einem Beitrag von 2009 mit der Bedeutung der Fotografien von „Trümmerfrauen“ aus den ersten Nachkriegsjahren auseinander:*

Die Bilder von Trümmerstädten, oft im Geiste ästhetisierender Ruinenromantik inszeniert, liefern ein großes Panorama des deutschen Leidens aufgrund des Bombenkrieges der Alliierten. [...] Sie sind die Gegenerzählung zu den Bildern aus den Konzentrationslagern, die das Schreckliche thematisieren, das die Deutschen anderen zufügten.

In diesem Spektrum nehmen die Bilder der Trümmerfrauen einen besonderen Platz ein. Sie sind Teil einer Hoffnungsikonografie[1]. Die Fotos bilden keine düstere Trümmersituation ab, sie stehen vielmehr für den Neuanfang. [...] Zeitlich liegt der Schwerpunkt der Bilder im Sommer 1945 und 1946 und geografisch in Berlin. Dieser geografische Schwerpunkt ist kein Zufall: Trümmerfrauen im engeren Sinn gab es vor allem in Berlin: Hier mussten sich die Frauen ab dem 1.6.1945 beim Arbeitsamt melden, sie wurden registriert und als „Hilfsarbeiterinnen im Baugewerbe“ dienstverpflichtet. [...]

In den meisten westdeutschen Städten wurde die Trümmerräumung jedoch von Anfang an anders organisiert: Sie lag in den Händen professioneller Baufirmen, die überwiegend Männer beschäftigten. Gut belegt ist dies beispielsweise für München oder für Heilbronn. Wenn es Zwangsverpflichtungen gab, dann von ehemaligen NS-Parteigenossen und von deutschen oder ungarischen Kriegsgefangenen, die unter alliierter Aufsicht standen. [...]

Es sollten, so die übereinstimmende Haltung der Stadtverwaltungen und der Militärregierungen, diejenigen den Schutt wegräumen, die für den Krieg verantwortlich waren. NS-belastete Frauen waren dabei mit zu erfassen, hatten sie doch auch, so eine Münchener Stadträtin, während der vergangenen Jahre Zeit gehabt, „herumzulaufen und Geld einzusammeln [...], sie müssen heute auch in der Lage sein, hier mitzuarbeiten“. [...]

Warum, so ist zu fragen, war es wichtig, dass die Rolle der Frauen bei der Trümmerräumung so betont wurde? Warum verschwanden vor allem die räumenden Männer in der Ikonografie des Trümmerfotos? Diese Betonung scheint nicht primär zeitgenössisch zu sein: In München wurde jedenfalls in dem Aufbaubericht *Aus Trümmern wächst das neue Leben* von 1949 korrekt die Rolle der amerikanischen Besatzer, der deutschen und ungarischen Kriegsgefangenen, der NS-Belasteten und dann auch der Baufirmen genannt. Keine Trümmerfrau weit und breit. Doch ein Blick in die Frauenzeitschriften dieser Jahre mit den sprechenden Namen *Der Regenbogen* und *Der Silberstreifen* zeigt: Viele Frauen sahen sich selbst in der Rolle, die ihnen dann nachträglich zugewiesen wurde. [...] Frauen, so suggerieren diese Texte, waren nicht an der „Verwahrlosung“ während der NS-Zeit beteiligt, sie sind „anständig“ und „gerecht“ geblieben und bieten sich daher als Wegweiserinnen in die Nachkriegszeit an. Damit wird die aktive Rolle der Frauen während der NS-Zeit verleugnet, deren Dimensionen inzwischen immer deutlicher zutage treten. [...]

Ein Zweites kommt hinzu: Als die neue Frauenbewegung der 1970er-Jahre auf die Suche nach den Frauen in der Geschichte ging, war es naheliegend, den eigenen Müttern ein Denkmal zu setzen. In den Blick kamen damit die „starken Frauen“ der Nachkriegszeit, die in einer vaterlosen Gesellschaft die Kinder alleine großzogen, für Essen und das alltägliche Überleben sorgten. Da diese Alltagsarbeit, tatsächlich das millionenfache Schicksal der Nachkriegsfrauen, nicht spektakulär genug schien, trat die „Trümmerfrau“ im engeren Sinne in den Mittelpunkt, die mit schwerer Arbeit den Karren aus dem Dreck zog und „wie ein Mann“ anpackte. Es ist daher nicht verwunderlich, dass manche Trümmerfrauen-Bilder eigentlich „Trümmerspechte“ zeigen, also Frauen, die Holz für den heimischen Ofen aus den Ruinen holen.

Marita Krauss, Trümmerfrauen. Visuelles Konstrukt und Realität, in: Gerhard Paul (Hrsg.), Das Jahrhundert der Bilder, Bd. I: 1900 bis 1949, Göttingen 2009, S. 740 f. und 743 f.

1. Geben Sie die Kernaussagen der Historikerin wieder.
2. Stellen Sie dar, welche historischen Tatsachen über die Betonung der Aufbauarbeit der „Trümmerfrauen“ in Vergessenheit gerieten (M2 und M3).

[1] **Ikonografie:** Geschichte der Bilder; Bildikonen sind Bilder, die symbolisch für historische Ereignisse stehen und in das kollektive Gedächtnis einer Gesellschaft eingegangen sind.

M3 „Trümmerfrauen" im Film

*Das Erste Deutsche Fernsehen strahlt am 25. April 2016 die Dokumentation „Mythos Trümmerfrau" aus. Der Journalist René Martens (*1964) geht einen Tag später in einem Zeitungsartikel auf die filmische Dekonstruktion des Mythos ein und schreibt:*

Lobte man die Dokumentation „Mythos Trümmerfrau" dafür, dass sie ein weit verbreitetes Bild korrigiert, wäre das berechtigt. Es wäre aber auch untertrieben. Denn die Dokumentation von Judith Voelker und Julia Meyer, die die ARD heute zum Abschluss der zweiten Staffel der Geschichts-TV-Reihe „Akte D" ausstrahlt, leistet mehr. Sie zeigt nicht nur, wie in der Öffentlichkeit ein Bild der Nachkriegszeit entstanden ist, das mit der historischen Realität wenig zu tun hat, sondern auch, wie dieses Bild in den letzten rund 70 Jahren immer wieder anders inszeniert und instrumentalisiert wurde.

Die heldenhafte, opferbereite Frau, die, bestenfalls mit Eimern und Schaufeln ausgestattet, Trümmer beseitigt – die Basis für dieses Bild schufen noch die Nationalsozialisten. Sie verbreiteten Fotos und Filmaufnahmen von schick gekleideten und trotz harter Arbeit heiter wirkenden Frauen. Dabei handelte es sich aber um Schauspielerinnen. Entfernt vergleichbare Inszenierungen gab es auch nach dem Krieg: Der deutsch-amerikanische Oscar-Preisträger William Wyler drehte 1945 Filme mit Trümmerfrauen. Auf den Bildern, die die ARD-Autorinnen zeigen, sind Frauen zu sehen, die genervt sind von Regieanweisungen.

Im Kern macht „Mythos Trümmerfrau" deutlich: Die Aufräumungsarbeiten erledigten – und es ist erstaunlich, dass man es betonen muss – in erster Linie Baufirmen mit ihren Maschinen. Zumindest im Westen Deutschlands war nur ein Bruchteil der weiblichen Bevölkerung an der Schuttträumung beteiligt – und das auch nur wenige Monate lang. Vor allem aber machte das niemand freiwillig. Judith Voelker und Julia Meyer erinnern daran, dass die Nazis während des Krieges Zwangsarbeiter dazu verpflichteten, einen großen Teil des durch Bombenangriffe entstandenen Schutts zu beseitigen. In der Nachkriegszeit waren es dann die Alliierten, die deutsche Kriegsgefangene und NS-belastete Frauen mit Trümmerarbeit bestraften. Andere Frauen schufteten in den Ruinen, um bessere Essensrationen zu bekommen.

Faszinierend ist, dass sich das Bild im Westen und im Osten Deutschlands unterschiedlich entwickelte. In Westdeutschland [...] etablierte sich die Sichtweise, die Schutträumerinnen seien vor allem Opfer des Krieges. In der sowjetisch besetzten Zone erwies sich die Trümmerfrau dagegen als „die Idealbesetzung für den Prototyp sozialistische Frau", wie es Gunilla Budde, Geschichtsprofessorin an der Uni Oldenburg, im Film formuliert. Bezeichnend, so Budde, seien die Unterschiede zwischen den Trümmerfrauen-Denkmälern in Ost und West. Während in DDR-Städten welche entstanden, die Optimismus ausstrahlen, zeigt etwa ein Denkmal im alten West-Berlin eine traurige Frau.

Mitte der 1980er-Jahre dann eine überraschende Wende. Als Reaktion auf eine Rentenreform, die Mütter der Geburtsjahrgänge vor 1921 benachteiligte, definierte die Seniorenbewegung den Begriff „Trümmerfrau" nun um zu einer Bewunderung ausdrückenden Sammelbezeichnung für sämtliche Frauen der Wiederaufbaugeneration. Rechtzeitig zur Wiedervereinigung näherten sich die in Ost und West verbreiteten Bilder also wieder an.

Hervorzuheben ist an dieser Dokumentation auch die exzellente Auswahl der InterviewpartnerInnen. Jeder O-Ton der beteiligten Historikerinnen und Historiker [...] hat Substanz. Nicht zuletzt ist „Mythos Trümmerfrau" eine implizite Kritik an jenen vielen Geschichtsfernsehmachern, die kaum hinterfragen, wie die von ihnen verwendeten Bilder entstanden sind.

René Martens, Alles für die Heimat. Doku über Trümmerfrauen, in: taz: die tageszeitung vom 25. April 2016, S. 17

„Trümmerfrauen" in Berlin.
Foto vom April 1946.

- Arbeiten Sie heraus, warum gerade Fotografien von „Trümmerfrauen" in das kollektive Gedächtnis der Deutschen eingingen.

Ostalgie

Von der Euphorie zur Ernüchterung | Den Beitritt der fünf neuen Bundesländer zur Bundesrepublik im Oktober 1990 feierten die meisten Ostdeutschen euphorisch. Die friedliche Revolution von 1989/90 hatte ihnen die persönliche Freiheit und die D-Mark gebracht – etwas, wonach sich viele Menschen jahrzehntelang gesehnt hatten. Doch der mit der Wiedervereinigung verbundene Wandel von Lebensverhältnissen, Arbeitswelt und Wertvorstellungen ging mit vielen Problemen einher.

Für den Systemwechsel von der zentralen Planwirtschaft zur Sozialen Marktwirtschaft gab es kein Vorbild, ein stufenweiser Übergang war nicht geplant. Bereits die Einführung der D-Mark im Juli 1990 mit dem Kurs von 1:1 (statt vorher 1:4,4) brachte viele DDR-Betriebe in Bedrängnis. Mit einem Schlag waren ihre Produkte nun zu teuer für den Export geworden, und in der DDR selbst wurden vor allem westdeutsche Güter nachgefragt. Auch die Herstellung gefragter Güter (z.B. Zulieferer für die Automobilindustrie) bot keine Garantie dafür, dass der Betrieb erhalten blieb. Insgesamt verloren zwei Drittel der zuvor in Staatsbetrieben Beschäftigten ihre Stelle. Ernüchterung und Enttäuschung machten sich breit.

Lebensgefühl im Umbruch | Die Alltagskultur der neuen Bundesbürger veränderte sich nach 1990 rasant. In der DDR war die soziale Integration über den Arbeitsplatz erfolgt – egal, ob es um Freundschaften, Urlaub oder Kinderbetreuung ging. Diese Anbindung ging nun für die zahlreichen Arbeitslosen verloren und die weiterhin Beschäftigten mussten sich an eine neue, in ihren Augen deutlich unpersönlichere Unternehmenskultur gewöhnen. Auch Ämtergänge und gesetzliche Regeln vom Kindergarten bis zur Altersversorgung änderten sich grundlegend. Die Ersparnisse waren durch die Währungsunion zusammengeschmolzen und der wirtschaftliche Aufschwung ließ auf sich warten: Vier Jahre nach der Einheit war das durchschnittliche Geldvermögen der ostdeutschen Haushalte noch immer deutlich geringer als im Westen. Zudem wurde die öffentliche Erinnerung an die DDR stark von der SED-Diktatur und damit negativ geprägt (*Diktaturgedächtnis*, ➔M1), die DDR und ihre Wirtschaft galten als marode. Viele Ostdeutsche fanden sich in dieser Erinnerungskultur nicht wieder: Sie stimmte nicht mit ihren Alltagserfahrungen in der DDR überein und sie empfanden sich und ihre Leistungen als nicht anerkannt. „Es war nicht alles schlecht!" wurde zu ihrem Schlagwort. Die individuellen Erinnerungen standen für sie im Vordergrund, während die negativen Seiten des Regimes weitgehend ausgeblendet wurden. Eine Unterscheidung zwischen privater Lebenswelt und politischer Geschichte fand häufig nicht statt.

Ostalgie und das Geschäft damit | Ab Mitte der 1990er-Jahre begannen ehemalige DDR-Produkte schrittweise auf den ostdeutschen Markt zurückzukehren. Gezielt wurden dabei die positiven Erinnerungen und aktuellen Verlustgefühle angesprochen. Auch Ostalgie-Partys fanden Anhänger; hier wurde die Erinnerung an das Leben in der DDR durch entsprechende Kleidung, Musik und Unterhaltung teils verklärt, teils aber auch ironisch hinterfragt (➔M2). Ihren Höhepunkt fand die Ostalgie-Welle (*Ostalgie* als Zusammensetzung von Osten und Nostalgie) im Sommer 2003 in einer Reihe von Ostalgie-Shows im deutschen Fernsehen, die – in Ost- wie in Westdeutschland – durchaus auch kritisch gesehen wurden. Parallel dazu wurde Ostalgie zur Geschäftsgrundlage von Unternehmen, wie etwa bei den bekannten „Ampelmännchen" oder einem Internetversand von ostdeutschen Produkten an jetzt im Westen lebende ehemalige Ostdeutsche.

Dennoch: Nur wenige Bürgerinnen und Bürger im östlichen Teil Deutschlands wollten die DDR zurückhaben. In einer Umfrage von 2020 sprachen sich nur drei Prozent der West- und zehn Prozent der Ostdeutschen dafür aus. 42 Prozent der Ostdeutschen fühlten sich jedoch als Bürger zweiter Klasse (➔M3).

Ostalgie-Produkte in der Auslage eines Geschäfts.
Foto von 2012.

M1 Drei Formen von Gedächtnis

*Der Historiker Martin Sabrow (*1954) stellt fest, dass heute auf ganz unterschiedliche Art und Weise an die DDR erinnert wird:*

Im Zentrum vor allem des öffentlichen Gedenkens steht das Diktaturgedächtnis, das auf den Unterdrückungscharakter der SED-Herrschaft und ihre mutige Überwindung in der friedlich gebliebenen Revolution von 1989/90 abhebt. Die diktaturzentrierte Erinnerung widmet ihre Aufmerksamkeit vorrangig dem Macht- und Repressionsapparat des kommunistischen Regimes, und sie pocht darauf, dass zum Verständnis der DDR die Stasi wichtiger sei als die Kinderkrippe. In diesem Erinnerungsmodus wird den fundamentalen Unterschieden zwischen politischer Freiheit und politischer Unterwerfung ein entschieden höherer Wert für die Würde des menschlichen Lebens zugemessen als den sozialen und wirtschaftlichen Gratifikationen [...]. Stattdessen setzt sich die auf den Unrechtscharakter der SED-Herrschaft ausgerichtete Erinnerung dafür ein, in erster Linie die Schreckensorte der kommunistischen Herrschaft von den sowjetischen Internierungslagern und KGB-Gefängnissen bis zum Überwachungs- und Bespitzelungssystem der Staatssicherheit im Bewusstsein der Nachwelt präsent zu halten. Das Diktaturgedächtnis ist auf den Täter-Opfer-Gegensatz fokussiert. Es räumt Verbrechen, Verrat und Versagen unter der SED-Herrschaft hohen Stellenwert ein und sieht in der Erinnerung an Leid, Opfer und Widerstand die wichtigste Aufgabe einer Vergangenheitsbesinnung, die im Dienst der Gegenwart Lehren aus der Geschichte ermöglichen und so vor historischer Wiederholung schützen soll. Entsprechend ist das Diktaturgedächtnis normativ und teleologisch[1] strukturiert; es zeichnet die DDR als negatives Kontrastbild vor der Folie rechtsstaatlicher Normen und Freiheitstraditionen [...].

Während dieses staatlich approbierte DDR-Bild den Raum der öffentlichen Erinnerung beherrscht, wirkt ein zweites Organisationsmuster der DDR-Erinnerung stärker in die gesellschaftliche Tiefe und pocht hier mit stillem Trotz und dort mit lauter Vehemenz auf sein Eigenrecht. Dies ist ein in Ostdeutschland bis heute vielfach dominantes Arrangementgedächtnis, das vom richtigen Leben im falschen weiß und die Mühe des Auskommens mit einer mehrheitlich vielleicht nicht gewollten, aber doch als unabänderlich anerkannten oder für selbstverständliche Normalität gehaltenen Parteiherrschaft in der Erinnerung hält. Das Arrangementgedächtnis verknüpft Machtsphäre und Lebenswelt. Es erzählt von alltäglicher Selbstbehauptung unter widrigen Umständen, aber auch von eingeforderter oder williger Mitmachbereitschaft und vom Stolz auf das in der DDR Erreichte – kurz, es verweigert sich der säuberlichen Trennung von Biografie und Herrschaftssystem, die das Diktaturgedächtnis anbietet, und pflegt eine erinnerungsgestützte Skepsis gegenüber dem neuen Wertehimmel des vereinigten Deutschland, die zwischen ironischer Anrufung und ostalgischer Verehrung der ostdeutschen Lebensvergangenheit oszilliert[2]. [...]

Noch stärker im Schatten der öffentlichen Wahrnehmung existiert schließlich ein weiteres Erinnerungsmuster, das an der Idee einer legitimen Alternative zur kapitalistischen Gesellschaftsordnung festhält. Dieses Fortschrittsgedächtnis denkt die DDR vor allem von ihrem Anfang her. Es baut seine Erinnerungen auf der vermeintlichen moralischen und politischen Gleichrangigkeit der beiden deutschen Staaten auf, die zu friedlicher Koexistenz und gegenseitiger Anerkennung geführt hätten [...]. Die Rückbesinnung auf die vermeintlich zu Unrecht verkannten Vorzüge des DDR-Bildungssystems, die hässlichen Gesichtszüge eines aus den Fugen geratenen Weltfinanzsystems, die rückblickende Vorstellung von einer geordneten DDR-Welt, in der der Mensch keine Ware war und für die Gleichstellung der Frau gesorgt war – solcher Art sind die Anknüpfungspunkte, aus denen das Fortschrittsgedächtnis seine Stabilität gewinnt.

In diesem tripolaren Kräftefeld zwischen Diktaturgedächtnis, Arrangementgedächtnis und Fortschrittsgedächtnis wird die DDR-Vergangenheit täglich neu verhandelt.

Martin Sabrow, Die DDR erinnern, in: Ders. (Hrsg.), Erinnerungsorte der DDR, München 2009, S. 18–20

1. Arbeiten Sie heraus, welche Themen für das Diktaturgedächtnis, das Arrangementgedächtnis und das Fortschrittsgedächtnis jeweils bedeutsam sind. | H
2. Erörtern Sie, welche Akteure jeweils als Vertreter der einen oder anderen Gedächtnisform infrage kommen.
3. Beurteilen Sie, welche der Gedächtnisformen am wirkungsmächtigsten ist und daher am ehesten im kollektiven Gedächtnis der Deutschen überdauern wird.

M2 „Trotziges Ost-Gefühl"

*Tobias Hollitzer (*1966), Leiter der Leipziger Gedenkstätte Museum in der „Runden Ecke", äußert sich 2004 über die „Ostalgiewelle":*

Viele Menschen glorifizieren angesichts aktueller Probleme die DDR in ihrer Erinnerung. Daraus entsteht ein trotziges Ost-Gefühl, das absurde Blüten treibt: Jugendliche tragen die Symbole der Unterdrückung tausendfach auf T-Shirts und Jacken. Im Versandhandel, in Souvenirläden

[1] **teleologisch** (griech. telos: Ziel, Zweck): auf Teleologie beruhend; **Teleologie**: Lehre, dass eine Entwicklung von vornherein zweckmäßig und zielgerichtet angelegt ist

[2] **oszillieren**: schwingen, pendeln

und selbst im Shop des Deutschen Historischen Museums sind sie erhältlich. Das Signet des MfS auf Zollstöcken, als Schlüsselanhänger oder Wandschmuck; das Emblem der SED auf Feuerzeugen; die Lieder von FDJ und Staatssicherheit auf CD gepresst: Woher kommt dieser unreflektierte, unkritische Umgang? Offenbar wird in der Schule zu wenig vermittelt, wird in den Elternhäusern zu vieles verklärt. Ein Übriges taten „Ostalgie-Shows", die 2003 auf fast allen Fernsehkanälen liefen. Doch „Ost" ist nicht „Kult" – wie beispielsweise das ZDF meinte –, sondern „Ost" steht für fast 40 Jahre SED-Diktatur. Die Shows würden nur den Alltag darstellen, hieß es aus den Redaktionen und von den Moderatoren. Gemeint war, dass nur der auf den ersten Blick unpolitische Teil der DDR gezeigt werden solle. Es ist jedoch gerade ein Merkmal von Diktaturen, dass es in ihnen keinen unpolitischen Alltag gibt. In den Sendungen traten fast nur Prominente auf, die schon zu DDR-Zeiten privilegiert waren und deren Alltag mit der DDR-Realität wenig zu tun hatte. „Diplomaten im Trainingsanzug" nahmen ihre Funktion noch einmal wahr und schwärmten von der Überlegenheit des DDR-Sports, ohne ein Wort über das staatliche organisierte Doping zu verlieren. „Unsere Fernsehlieblinge" traten auf, ohne die Zensur sämtlicher Medien auch nur mit einem Wort zu erwähnen. Und wenn es sich doch einmal nicht vermeiden ließ, die Kehrseite des schönen Scheins anzusprechen, brach der Moderator ab oder zog die Bemerkung als Anekdote ins Lächerliche. Die sogenannten DDR-Shows hätten zu wenigstens 80 Prozent anstandslos die SED-Zensur der achtziger Jahre passiert. Erich Honecker und sein Politbüro hätten ihre Freude an einer solchen Vielzahl von Agitationssendungen für den „Sozialismus in den Farben der DDR" im (west)deutschen Fernsehen gehabt.

Die Shows glichen Kuriositätenkabinetten, die nichts, aber auch gar nichts zur Verständigung zwischen Ost und West beitrugen. Für die mentale Wiedervereinigung brauchen wir eine aufrichtige und von gegenseitiger Akzeptanz geprägte Neugier auf den anderen. Nicht das in der DDR gelebte Leben steht zur Disposition, sondern die kommunistische Diktatur. [...] Ostalgie-Shows verharmlosen die Gefahren, die der Demokratie durch totalitäre Ideologien drohen, und sind eine Verhöhnung der Opfer. Dass sich die Diktatur der Nationalsozialisten nicht auf Autobahnbau und geringe Arbeitslosigkeit reduzieren lässt, haben wir gelernt. Muss betont werden, dass sich das Alltagsleben in der DDR nicht auf Schulmilch und billige Mieten beschränkte? Nostalgie-Shows, die das Leben im „Dritten Reich" auf den vermeintlich unpolitischen Alltag reduzieren, sind zum Glück undenkbar. Eine Ostalgiewelle zieht über das Land. Das klingt wie eine ansteckende Krankheit. Tatsächlich scheint es eine Krankheit zu sein, immer nur Facetten zur Kenntnis nehmen zu wollen. Doch wir müssen uns auch dem Leben in der zweiten deutschen Diktatur offen und ehrlich und vor allem in all seinen Facetten stellen. Nur dann werden wir den Wert heutiger Freiheit und Demokratie zu schätzen und ihn zu verteidigen wissen. Gerade die Beschäftigung mit dem Alltag in totalitären Regimen verdeutlicht, wie sich der Einzelne in solchen Systemen verhält und welchen Zwängen und Versuchungen er ausgesetzt ist.

Tobias Hollitzer, 15 Jahre Friedliche Revolution, in: Aus Politik und Zeitgeschichte, B 41–42/2004, S. 3–6, hier S. 4 f.

Die DDR als Unterhaltungsthema.
Szene aus der MDR-Show „Ein Kessel DDR", die 2003 ausgestrahlt wurde.

1. Arbeiten Sie aus dem Text Erscheinungsformen der „Ostalgiewelle" heraus. Suchen Sie weitere Beispiele, die unter das Motto „Ostalgie" fallen könnten. Erklären Sie anschließend, welche Ursachen es für diese Form von nostalgischer Erinnerung geben könnte.
2. Nehmen Sie zu den wichtigsten Kritikpunkten Hollitzers gegen die von einigen Fernsehsendern angeheizte „Ostalgiewelle" Stellung. | F

M3 Rückblicke: 30 Jahre nach der friedlichen Revolution

Welche Erwartungen zur Deutschen Einheit haben sich erfüllt? 2020 wurden dazu Deutsche ab 18 Jahren befragt:

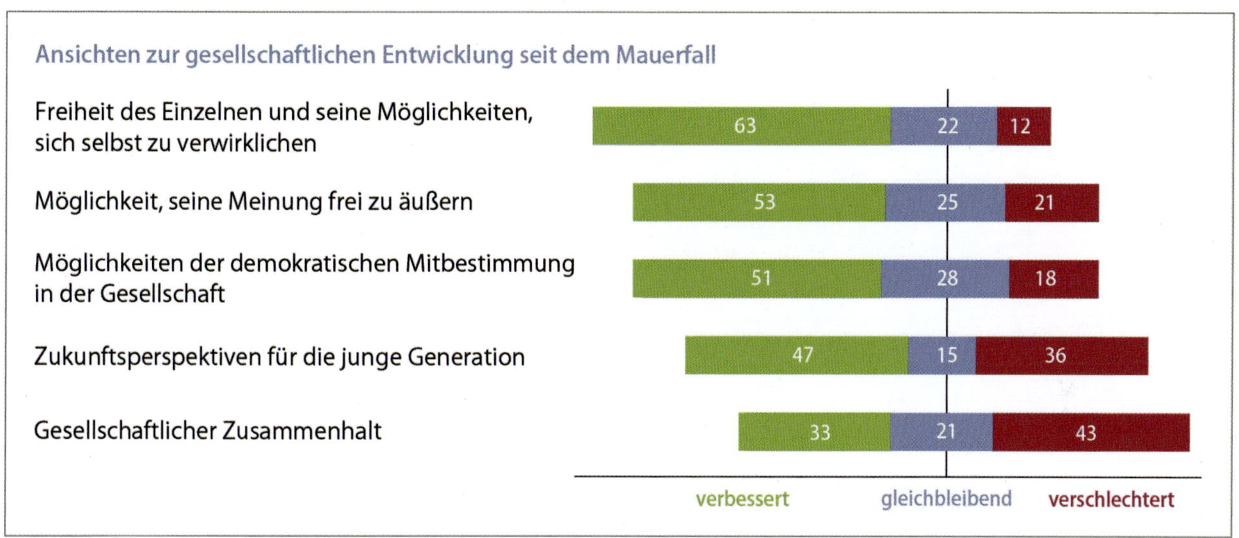

Nach: Infratest-dimap

Nach: Institut für Demoskopie Allensbach

1. Beschreiben Sie die Ergebnisse zur gesellschaftlichen Entwicklung seit dem Mauerfall.
2. Erklären Sie den starken Abfall der Zufriedenheit mit den Wirtschaftssystem Deutschlands zwischen 1990 und 1995 in Ostdeutschland. | F

Mythen

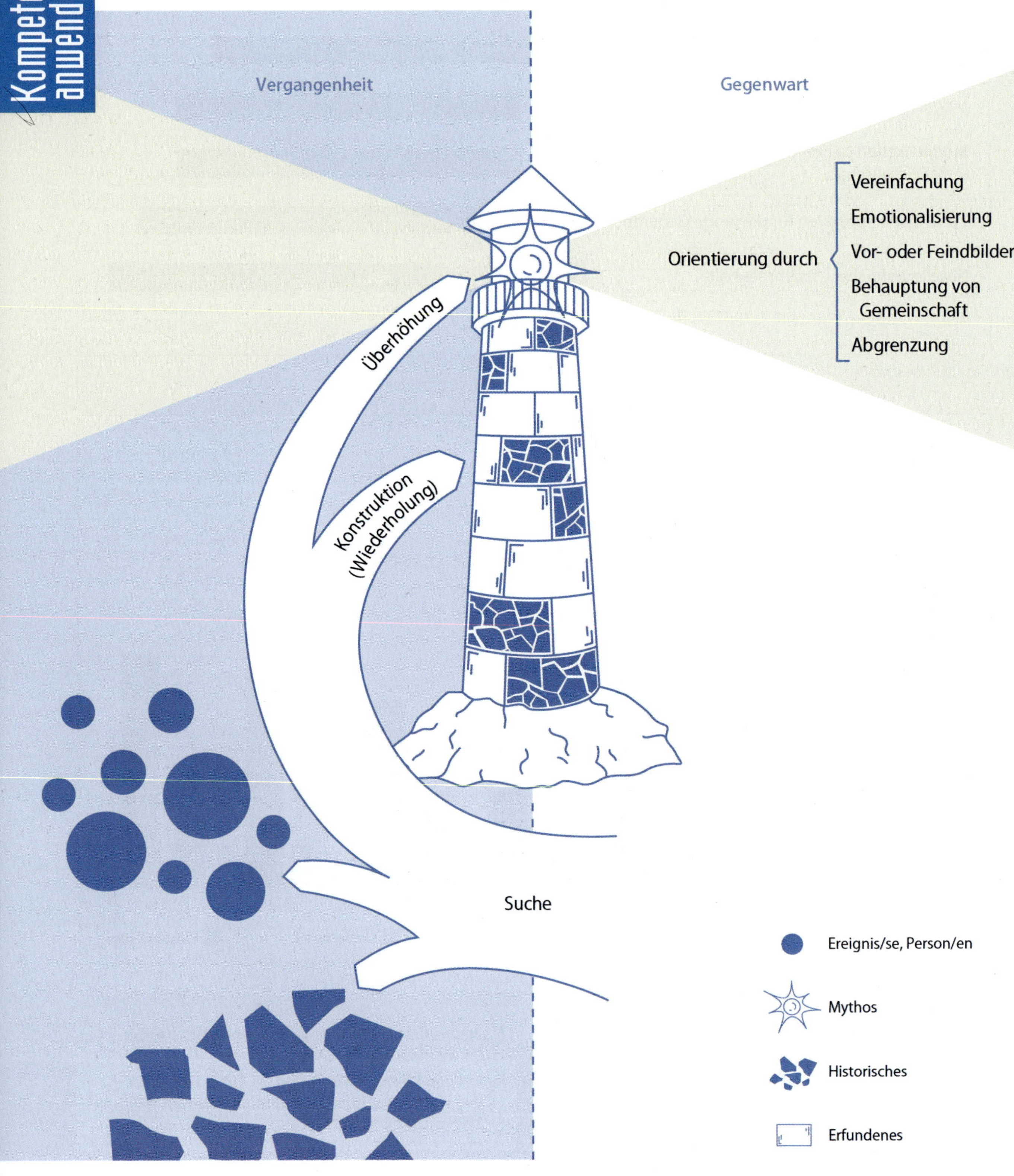
Vergangenheit
Gegenwart
Orientierung durch
Vereinfachung
Emotionalisierung
Vor- oder Feindbilder
Behauptung von Gemeinschaft
Abgrenzung
Überhöhung
Konstruktion (Wiederholung)
Suche
Ereignis/se, Person/en
Mythos
Historisches
Erfundenes

M Geschichtsmythen

*Der Politikwissenschaftler Herfried Münkler (*1951) schreibt 2008 zu Geschichtsmythen:*

Halten wir fest: Mythen sind nicht eo ipso unwahre Berichte, wie es ein landläufiges Begriffsverständnis nahelegt, sondern Erzählungen, denen es nicht um historische Wahrheit, sondern politische Bedeutsamkeit geht. Sie stiften Bedeutung – im Raum, indem sie Ereignisse mit bestimmten Orten verbinden, und in der Zeit, indem sie Geschichten erzählen, die der Geschichte Bedeutsamkeit verleihen und sie von der Vermutung des bloß Vergangenen befreien. Politische Mythen sind Interpunktionen der Zeit, sie markieren Zäsuren und stellen Ligaturen her. Sie strukturieren Vergangenheit im Hinblick auf das für uns heute noch Bedeutsame, das nicht dem Vergessen anheimfallen darf. Aber das tun sie nicht bloß der besseren Übersichtlichkeit zuliebe, sondern um Einfluss auf die in der Gegenwart lebenden Menschen auszuüben. Mythen verleihen Identität und stiften so Selbstbewusstsein und Selbstvertrauen, für das Individuum wie für sozio-politische Kollektive; aber sie nehmen diese auch in die Pflicht. Man hat sich der Heroen der Vergangenheit würdig zu erweisen.

Politische Mythen sind also keineswegs erbauliche Erzählungen, die wir zum Gegenstand historisch-philosophischer Studien machen können, wie das bei den Mythen der Antike der Fall ist. Solch wissenschaftliche Distanzwahrung ist nur bei bereits erkalteten Mythen möglich; „heiße" Mythen dagegen haben eine direkte Appellstruktur, sie sprechen uns an und nehmen uns in Anspruch. Wir haben Mühe, uns ihnen zu entziehen, zumal dann, wenn sie tief in unsere politische Wahrnehmung eingesickert sind, sodass sie Erfahrungsräume und Erwartungshorizonte (Koselleck) beherrschen. Man kann „heiße" Mythen also auch daran identifizieren, dass sie die Grammatik der politischen Weltwahrnehmung strukturieren. [...]

Aber Mythos ist nicht gleich Mythos, auch und gerade nicht mit Blick auf den Prozess der Nationenbildung. Man kann zwischen Gründungs- und Opfermythen unterscheiden, wobei sich die beiden nicht prinzipiell ausschließen, aber unterschiedliche Funktionen haben. Opfermythen können durchaus zu Gründungsmythen werden, aber dann verlieren sie ihre appellative Dimension, fordern nicht mehr neue Opfer, sondern berichten von denen der Vergangenheit, denen wir so viel verdanken. Die Erzählung vom antifaschistischen Widerstand als Gründungsmythos der DDR ist dafür ein Beispiel; sie stand für politische Parteinahme und Identität und markierte eine Trennlinie zur Vergangenheit wie zur Bundesrepublik als einem nach wie vor faschismusanfälligen Staat, gegen den man sich durch den „Antifaschistischen Schutzwall" sichern musste. Der antifaschistische Gründungsmythos verlangte keine neuen Opfer, aber „politische Wachsamkeit" und hochgerüstete Abwehrbereitschaft. Man gedachte der Opfer, damit man keine neuen Opfer bringen musste. Dagegen ist der Nibelungenmythos, gleichgültig, ob er vom Helden Siegfried oder vom Todesritt der Nibelungen zu Etzels Burg handelt, eine Erzählung, die auf neue Opfer und neuen Kampf vorbereiten soll. Hier hat der Mythos eine sakrifizielle Dimension, und dementsprechend ist er auch eingesetzt worden. Ein gänzlich opferfreier Gründungsmythos ist dagegen die Erzählung von Währungsreform und Wirtschaftswunder in der alten Bundesrepublik, die der Legitimation einer bestimmten Wirtschaftsordnung und der Abgrenzung gegen die DDR diente. [...] Beide Mythen sollten zunächst nicht zur Natiogenese dienen, sondern vielmehr konkurrierende Ansprüche auf den richtigen Weg zur deutschen Einheit markieren. Aber mit Vertiefung der Teilung wurden sie doch zu Elementen eigener Nationenbildung, gezielt im Osten, wider Willen im Westen. Erst der Zusammenbruch der DDR hat dem ein Ende gesetzt.

Die Wirkung von Geschichtsmythen entfaltet sich nicht bloß über Erzählungen, sondern dazu dienen auch Bilder und Feste. Zur narrativen Extension kommen ikonische Verdichtungen und rituelle Inszenierungen hinzu: Nur wenn alle drei Dimensionen zusammenwirken, können Geschichtsmythen ihre ganze Kraft entfalten. Die Denkmalsgründer haben das immer schon gewusst und versucht, den Mythen eine Gestalt zu verleihen. Der Mythos sollte sich nicht im Ungefähren verlieren, sondern brauchte einen Ort, an dem er in rhythmischer Wiederholung in Szene gesetzt werden konnte. So gewann er Präsenz in Raum und Zeit. An solchen denkmalbewehrten Orten lässt sich auch das Schicksal der Mythen beobachten – etwa dann, wenn nur noch Touristen zum Picknick kommen. Dann hat sich der Schauder des Sakralen verloren, der „heißen" Mythen eigen ist. Hier kann man sich aufhalten, ohne in die Pflicht genommen zu werden.

Herfried Münkler, Geschichtsmythen und Nationenbildung, in: https://www.bpb.de/themen/erinnerung/geschichte-und-erinnerung/39792/geschichtsmythen-und-nationenbildung/ (Zugriff 20. März 2023)

1. Fassen Sie zusammen, welche Formen von politischen Mythen Herfried Münkler unterscheidet, und nennen Sie für jeden Typ ein Beispiel.
2. Erklären Sie, inwiefern Denkmäler für Mythen eine Rolle spielen.
3. Beurteilen Sie anhand von Beispielen, ob Mythen notwendig für das menschliche Zusammenleben sind.

2.1 Anforderungsbereiche und Operatoren

Anforderungsbereich I (Reproduktion)

Er verlangt in erster Linie die geordnete Wiedergabe von Sachverhalten und die (eventuell chronologische) Auflistung von Kenntnissen ohne Kommentierung. Dabei wird die Anwendung eingeübter Arbeitstechniken, z. B. die Zusammenfassung von Quelleninhalten, sowie die Reduzierung auf wesentliche Aussagen erwartet.

beschreiben

strukturiert und fachsprachlich angemessen Materialien vorstellen und / oder Sachverhalte darlegen

gliedern

einen Raum, eine Zeit oder einen Sachverhalt nach selbst gewählten oder vorgegebenen Kriterien systematisierend ordnen

wiedergeben

Kenntnisse (Sachverhalte, Fachbegriffe, Daten, Fakten, Modelle) und / oder (Teil-)Aussagen mit eigenen Worten sprachlich distanziert, unkommentiert und strukturiert darstellen

zusammenfassen

Sachverhalte auf wesentliche Aspekte reduzieren und sprachlich distanziert, unkommentiert und strukturiert → *wiedergeben*

Anforderungsbereich II (Reorganisation und Transfer)

Er fordert das eigenständige Erklären, Bearbeiten und Ordnen bekannter Inhalte und die Anwendung des Eingeübten auf andere Sachverhalte.

analysieren

Materialien, Sachverhalte oder Räume → *beschreiben*, kriterienorientiert oder aspektgeleitet erschließen und strukturiert darstellen

charakterisieren

Sachverhalte in ihren Eigenarten → *beschreiben*, typische Merkmale kennzeichnen und diese dann ggf. unter einem oder mehreren Gesichtspunkten zusammenführen

einordnen

begründet eine Position / ein Material zuordnen oder einen Sachverhalt begründet in einen Zusammenhang stellen

erklären

Sachverhalte so darstellen – ggf. mit Theorien und Modellen –, dass Bedingungen, Ursachen, Gesetzmäßigkeiten und / oder Funktionszusammenhänge verständlich werden

erläutern

Sachverhalte → *erklären* und in ihren komplexen Beziehungen an Beispielen und / oder Theorien verdeutlichen (auf Grundlage von Kenntnissen bzw. Materialanalyse (→ *analysieren*))

gegenüberstellen

Sachverhalte, Aussagen oder Materialien kontrastierend darstellen und gewichten

herausarbeiten

Materialien auf bestimmte, explizit nicht unbedingt genannte Sachverhalte hin untersuchen und Zusammenhänge zwischen den Sachverhalten herstellen

in Beziehung setzen

Zusammenhänge zwischen Materialien / Sachverhalten aspektgeleitet und kriterienorientiert herstellen und → *erläutern*

nachweisen

Materialien auf Bekanntes hin untersuchen und belegen

vergleichen

Gemeinsamkeiten, Ähnlichkeiten und Unterschiede von Sachverhalten kriterienorientiert darlegen

Anforderungsbereich III (Reflexion und Problemlösung)

Er umfasst den kritischen und reflektierten Umgang mit neuen Problemstellungen, den eingesetzten Methoden und den gewonnenen Erkenntnissen. Ziel sind eigenständige Begründungen, Folgerungen, Deutungen und Wertungen.

beurteilen

den Stellenwert von Sachverhalten oder Prozessen in einem Zusammenhang bestimmen, um kriterienorientiert zu einem begründeten Sachurteil zu gelangen

entwickeln

zu einem Sachverhalt oder zu einer Problemstellung eine Einschätzung, ein Lösungsmodell, eine Gegenposition oder ein begründetes Lösungskonzept darlegen

erörtern

zu einer vorgegebenen Problemstellung eine reflektierte, abwägende Auseinandersetzung führen und zu einem begründeten Sach- und/oder Werturteil kommen

sich auseinandersetzen

zu einem Sachverhalt, einem Konzept, einer Problemstellung oder einer These usw. eine Argumentation → *entwickeln*, die zu einem begründeten Sach- und/oder Werturteil führt

Stellung nehmen

Beurteilung (→ *beurteilen*) mit zusätzlicher Reflexion individueller, sachbezogener und/oder politischer Wertmaßstäbe, die Pluralität gewährleisten und zu einem begründeten eigenen Werturteil führen

überprüfen

Inhalte, Sachverhalte, Vermutungen oder Hypothesen auf der Grundlage eigener Kenntnisse oder mithilfe zusätzlicher Materialien auf ihre sachliche Richtigkeit bzw. auf ihre innere Logik hin untersuchen

Operator, der Leistungen in allen drei Anforderungsbereichen verlangt:

interpretieren

Sinnzusammenhänge aus Quellen erschließen und ein begründetes Sachurteil oder eine Stellungnahme abgeben, die auf einer Analyse beruhen

Operatoren zusammengestellt nach: http://db2.nibis.de/1db/cuvo/datei/ge_go_kc_druck_2017.pdf (Zugriff: 11. November 2019)

Tipps für den richtigen Umgang mit den Operatoren und den Aufgaben im Buch:

- Nützliche Erklärungen zu den einzelnen Operatoren bietet die Übersicht auf Seite 60 bis 67.
- Zu Aufgaben, die mit einem **H** (= Helfen) oder **F** (= Fordern) gekennzeichnet sind, finden Sie im Anhang auf Seite 76f. Hinweise und weitere Informationen.

2.2 Hilfen zum richtigen Umgang mit den Operatoren

Anforderungsbereich I (Reproduktion)

Operator	Was ist zu beachten?	Wie ist vorzugehen?
beschreiben	Der Operator wird häufig sowohl bei Bildquellen wie Gemälden, Karikaturen oder Fotografien als auch bei Statistiken verwendet. Als Vorbereitung für eine anschließende Analyse soll das Material in **nachvollziehbarer** und **strukturierter Form** in seinen **Einzelheiten** (in der Regel Bildelemente und deren Beziehungen zueinander) vorgestellt werden. Eine Analyse oder Erklärung ist hier noch nicht vorzunehmen, also was z. B. die einzelnen Elemente einer Bildquelle oder einer Statistik im historischen Kontext für eine Bedeutung haben oder wie die Darstellung zu beurteilen ist. Klar identifizierbare Personen dürfen aber bereits als solche benannt werden.	Kreisen Sie das Ihnen wesentlich erscheinende Element des Materials ein und verfassen Sie ausgehend davon eine Beschreibung. Das zentrale Element ist z. B. bei einer **Bildquelle** daran zu erkennen, dass es oft in klarer Beziehung zu den anderen Bildelementen steht. Davon ausgehend können Sie dann die übrigen Bestandteile des Materials und die Bildebenen (Vordergrund, Hintergrund) in ihrem Inhalt beschreiben. Bei **Statistiken** empfiehlt es sich, auf die dort oft dargestellte Entwicklung einzugehen. Das gilt auch für dynamische **Karten** (z. B. eine Karte, die die Expansion Roms oder die „Entdeckungsfahrten" der Frühen Neuzeit zeigt). **Beispiel**: Im Zentrum des um 1877 entstandenen Historiengemäldes des Künstlers Anton von Werner steht Martin Luther in aufrechter Haltung und legt seine rechte Hand aufs Herz. Sein Blick ist Kaiser Karl V., der auf seinem Thron im Schatten sitzt, zugewandt. Im Bildhintergrund befinden sich ... usw.
gliedern	Der Operator ist dafür gedacht, einen **Sachverhalt vorzustrukturieren** und zu **ordnen**, um ihn leichter greifbar zu machen. Das kann zum Beispiel die Einteilung eines zeitlichen Verlaufes in bestimmte Phasen sein. In Bezug auf einen vorgegebenen Text wird durch die Gliederung die Vorarbeit für eine Zusammenfassung bzw. eine Textwiedergabe geleistet. Oft wird der Operator daher bei Texten verwendet, in denen die zugrunde liegende inhaltliche Struktur zunächst nicht so einfach zu erkennen ist oder sich verschiedene Aspekte überlagern.	Falls keine Gliederungskategorien durch die Aufgabenstellung vorgegeben sind, wählen Sie **prägnante Begriffe** aus, die aus dem Text heraus deutlich werden. Geben Sie dann die **Zeilen** an, in denen Informationen, die zu diesen Begriffen gehören, benannt werden. Die Begriffe können dann jeweils den Ausgangspunkt für eine Textwiedergabe oder Zusammenfassung bilden. Zusätzlich werden auch Wertungen und Einstellungen der Autorin/des Autors wiedergegeben bzw. zusammengefasst. **Beispiel**: In einem Brief an seine Ordensbrüder in Europa berichtet der Franziskaner Pedro de Gante aus Mexiko-Stadt 1529 über die Missionierung der indigenen Bevölkerung. Der Autor schreibt zunächst über den alten Glauben der Einheimischen (Belegstelle: Zeilenangabe). Anschließend thematisiert er die verschiedenen Strategien der Missionierung der indigenen Bevölkerung. Dabei nennt er die Massentaufen (Belegstelle: Zeilenangabe), den Unterricht und die Ausbildung der Einheimischen zu Missionaren (Belegstelle: Zeilenangabe) und deren Vorgehen bei der Missionierung (Belegstelle: Zeilenangabe).
wiedergeben	Ähnlich wie beim Operator „zusammenfassen" (siehe Seite 61) geht es hier darum, zu zeigen, dass Sie den **Inhalt** eines vorgegebenen Textes **verstanden** haben. Allerdings sollen die Inhalte dabei nicht reduziert, sondern **strukturiert** in ihrer Gänze wiedergegeben werden. Meist wird dieser Operator bei Texten verwendet, die einen hohen Informationsgehalt und wenige Wiederholungen aufweisen, oft auch sprachlich anspruchsvoller sind und quasi **„übersetzt"** werden müssen. Dies kann z. B. für Quellen gelten, die aus einer weiter zurückliegenden Epoche stammen. Auch hier soll der Inhalt des vorliegenden Textes weder von Ihnen erläutert noch bewertet werden. Sie verfassen Ihre Textwiedergabe also wie ein **distanzierter Beobachter**.	Teilen Sie den Text, der wiedergegeben werden soll, in **Sinnabschnitte** ein. Notieren Sie an den Rand des jeweiligen Sinnabschnitts einen Satz, der die Inhalte des Abschnitts in die **moderne Fachsprache** „übersetzt". Um die sprachliche Distanz zum Ausdruck zu bringen, verwenden Sie bei der anschließenden Formulierung der Wiedergabe den **Konjunktiv**. **Beispiel**: Der portugiesische Seefahrer Vasco da Gama berichtet, dass bei der Ankunft seiner Flotte an der Küste von Kalikut im Jahre 1498 zunächst Abgesandte in vier Booten zu ihm gekommen seien, die ihn und sein Gefolge nach ihrer Herkunft gefragt hätten.

Operator	Was ist zu beachten?	Wie ist vorzugehen?
zusammenfassen	Der Operator ist oft in der ersten Aufgabe bei schriftlichen Arbeiten anzutreffen. Hier sollen Sie zeigen, dass Sie den **Inhalt** eines Textes **verstanden** haben und damit in der Lage sind, diesen **gekürzt** und **in eigenen Worten** wiederzugeben. Zu beachten ist dabei, dass Sie den Text auf die **wichtigsten Aussagen** reduzieren und diese dann anführen. Die Inhalte des zu untersuchenden Textes sollen weder von Ihnen erläutert noch bewertet werden. Sie schreiben Ihre Zusammenfassung wie ein **distanzierter Beobachter**.	Teilen Sie den Text, der zusammengefasst werden soll, im Vorfeld in **Sinnabschnitte** ein. Schreiben Sie an den Rand des jeweiligen Sinnabschnitts eine **Überschrift** oder einen **Satz**, der den Inhalt des Abschnitts auf den Punkt bringt. Um die sprachliche Distanz zu unterstreichen, verwenden Sie bei der anschließenden Formulierung der Zusammenfassung den **Konjunktiv**. **Beispiel**: Der Historiker Manfred Hettling erläutert in einer Fachpublikation, dass der Begriff „Wende" passender als der Begriff „Revolution" für die Zeit von 1989/90 sei.

Anforderungsbereich II (Reorganisation und Transfer)

Operator	Was ist zu beachten?	Wie ist vorzugehen?
analysieren	Mithilfe dieses Operators soll ein Material auf bestimmte Aspekte hin untersucht werden, um seine **inhaltliche Aussagekraft** thematisch **zielgerichtet zu erfassen**. Die Aspekte sind in der Regel direkt aus dem Material zu ersehen. Bei manchen Materialien bietet es sich auch an, diese in Hinblick auf mehrere Aspekte zu analysieren und dann zu einem Gesamtbild zusammenzufügen. Wichtig ist es, die Untersuchungsergebnisse anschließend zu **ordnen** und **strukturiert darzustellen**. Außerdem muss – zum Beispiel durch ein Zitat mit Zeilenangabe bzw. ein Bildelement oder einen Zahlenwert – das entsprechend erfasste Ergebnis der Untersuchung am Material **belegt** werden. Genau wie bei „charakterisieren" und „herausarbeiten" (siehe Seite 61 f. und 63) wird der Operator „analysieren" zur **inhaltlichen Erschließung** eines Materials genutzt. Damit werden diese Operatoren seltener in normalen schriftlichen Arbeiten eingesetzt. Allerdings können sie in umfangreicheren schriftlichen Arbeiten (z. B. im Abitur) als **Vorbereitung**, **Nachbereitung** oder **Verbindung** zu einer anderen weiteren Aufgabe aus dem Anforderungsbereich II (wie „erläutern"; siehe Seite 62 f.) genutzt werden. So kann z. B. eine inhaltliche Erläuterung der jeweils erschlossenen Aspekte gefordert sein oder eine Untersuchung eines Materials in Bezug auf zuvor in einer anderen Aufgabe erläuterte Inhalte.	Gehen Sie das Material durch, indem Sie Ihre „Analysebrille" aufsetzen und die Elemente (Textpassagen, Bildelement oder Zahlenwerte) **markieren**, in denen Aussagen zu ihrem Untersuchungsaspekt auftauchen. Fügen Sie diese Elemente zusammen und wählen Sie eine **geeignete Struktur**, mit der Sie Ihre Ergebnisse geordnet darstellen wollen. **Beispiel**: Analysieren Sie die Motive (Kriterium) der handelnden Gruppen, die in der spätmittelalterlichen Chronik in Bezug auf den Umgang mit der jüdischen Bevölkerung genannt werden. Eine denkbare Antwort: In der Chronik wird ein entscheidendes Motiv für die Ermordung der jüdischen Bevölkerung durch die Stadtbevölkerung genannt: „Was man den Juden schuldete, galt als bezahlt" (Belegstelle: Seiten- und/oder Zeilenangabe). Die Pest bot den Stadtbürgern einen Anlass, die Juden als Sündenböcke darzustellen und sich so ihrer Schulden zu entledigen. Dies gilt auch für die „Landesherren", die als „Schuldner" (Belegstelle: Seiten- und/oder Zeilenangabe) erwähnt werden. Die ablehnende Haltung der Stadträte gegenüber den Mordaktionen gegen die jüdische Bevölkerung, die in ... (Belegstelle: Seiten- und/oder Zeilenangabe) nachzulesen ist, erklärt sich daraus, dass die jüdische Gemeinde in den Städten regelmäßig Schutzgeldzahlungen an den jeweiligen Stadtrat leistete.
charakterisieren	Ähnlich wie beim Operator „analysieren" soll auch hier **ein Aspekt** in einem Material **zielgerichtet untersucht** werden. Während bei einer Analyse eher sachorientiert vorzugehen ist, stehen bei einer Charakterisierung **Eigenarten und Merkmale** im Vordergrund, die sich häufig auf einer Werteebene bewegen. Die untersuchten Eigenschaften lassen sich oft mit **Adjektiven** belegen, die die Eigenarten beschreiben und sich im Endergebnis zu einem „Gesamtbild" bzw. einer Gesamtwirkung zusammenfügen. Dazu ist es wichtig, die Untersuchungsergebnisse zu **ordnen** und **strukturiert darzustellen** und auch ein **Fazit** zu ziehen. ▶ nächste Seite	Betrachten Sie das Material durch Ihre „Analysebrille" und **markieren** Sie die Elemente (Textpassagen), in denen Aussagen zu Ihrem Untersuchungsaspekt auftauchen. **Belegen** Sie die Aussagen auch mit passenden Adjektiven, die sich z. B. aus der Bewertung des Autors oder Ihrem eigenen Eindruck ergeben. Fügen Sie anschließend die Elemente zusammen und suchen Sie eine **Struktur**, mit der Sie Ihre Ergebnisse geordnet darstellen wollen. Wichtig ist dabei, auch die **Gesamtwirkung** zu erfassen, die der Sachverhalt nach der Untersuchung entfaltet. **Beispiel**: Charakterisieren Sie die Vorgehensweise (Kriterium) der Franziskaner bei der Missionierung der indigenen Bevölkerung in Spanischamerika. Eine mögliche Antwort: Die Vorgehensweise lässt sich als oberflächlich (Adjektiv) charakterisieren, da in ... ▶ nächste Seite

Operator	Was ist zu beachten?	Wie ist vorzugehen?
charakterisieren	Dabei kann eine erste Bewertung der Ergebnisse erfolgen. Außerdem ist – zum Beispiel durch ein Zitat mit Zeilenangabe – das **Ergebnis** der Untersuchung auf Basis des Materials zu **belegen.**	(Belegstelle: Seiten- und/oder Zeilenangabe) deutlich wird, das Teile der indigenen Bevölkerung, die zuvor mit dem christlichen Glauben noch nicht in Berührung gekommen sind, sehr schnell zu Missionaren ausgebildet werden. Sie gehen wiederum auch gewalttätig (*Adjektiv*) vor, da sie „Götzenbilder" und „Tempel" des alten Glaubens ohne Zögern zerstören (Belegstelle: Seiten- und/oder Zeilenangabe). Insgesamt erscheint die Missionierung eher darauf abzuzielen, möglichst viele Menschen zu erfassen. Die Akzeptanz des christlichen Glaubens durch die einheimische Bevölkerung aus Überzeugung und dessen Durchdringung scheinen eher zweitrangig zu sein.
einordnen	Dieser Operator ist verwandt mit dem Operator „erläutern" (siehe weiter unten) aber von der Aufgabenstellung her enger gefasst. Es geht darum, **Einzelaspekte** in einen größeren **historischen Zusammenhang** zu stellen. Durch eine Erläuterung dieser Zusammenhänge, in den der Aspekt eingeordnet wird, zeigen Sie dann, dass Sie **wissen** und **begründen** können, warum der Aspekt in diesen Zusammenhang passt. Daher wird dieser Operator auch gern für schriftliche Arbeiten gewählt.	Es bietet sich zunächst an, eine **Mindmap** zu erstellen. Gehen Sie dabei von einem Einzelaspekt aus, der sich z. B. in einem vorgegebenen Material findet, und suchen Sie weitere Aspekte, die mit ihm in Beziehung stehen. Oft geht es dabei um historische Ereignisse und Prozesse, die als Ursache des Sachverhalts zeitlich vorher abliefen oder als Wirkungen und Folgen zeitlich danach stattfanden. So ergibt sich der **Gesamtzusammenhang**, den Sie dann umfassend in Ursachen und Folgen erläutern. **Beispiel**: In seiner Schrift „An den christlichen Adel deutscher Nation von des christlichen Standes Besserung" aus dem Jahre 1520 erklärt Martin Luther, dass alle Christen geistlichen Standes seien. Er erkennt damit die Überordnung des geistlichen Standes über den weltlichen Stand nicht mehr an. Für ihn sind alle Getauften Priester (*Ausgangspunkt*). Diese Feststellung ist eine Reaktion auf die Missstände innerhalb der Kirche z. B. in Bezug auf Simonie (Ämterkauf) und kanonische Gerichtsbarkeit, die die folgenden Auswirkungen hatten ... (*Ursachen*). Mit seiner Lehre vom allgemeinen Priestertum erhöht Luther den Status des Laien und verhilft dem weltlichen Stand, sich aus seiner Unmündigkeit zu befreien. Diese Erkenntnis aus Luthers Adelsschrift ermöglicht z. B. den Fürsten des Heiligen Römischen Reiches sich als „Notbischöfe" zu verstehen, die somit die Struktur der Kirche in ihren Territorien ganz neu ordnen konnten ... (*Folgen*).
erklären	Der Operator ist eine **Vorstufe des Erläuterns**, daher sind im Prinzip dieselben Aspekte zu beachten (siehe unten). Allerdings steht der Materialbezug hier weniger im Vordergrund. Gleichwohl geht es aber auch darum, **Wissen gezielt anzuwenden**. Ein Sachverhalt ist so darzustellen, dass seine Voraussetzungen, Ursachen und Folgen verständlich werden. Sie sollen also die **Gründe** oder die **Zusammenhänge** von etwas **aufzeigen**.	Grundsätzlich gelten hier dieselben Anregungen wie beim Operator „erläutern" (siehe unten). Allerdings können die Sachverhalte abgekoppelt von konkreten Materialbezügen dargestellt werden. So kann z. B. die **Gesamtaussage eines Materials** Ausgangspunkt einer Erklärung sein. **Beispiel**: Erklären Sie, was das vom spanischen Kronjuristen Palacios Rubios 1513 entworfene Requerimiento für die Gebietsansprüche anderer europäischer Mächte bedeutet. Eine denkbare Antwort: Der Text des Requerimiento gaukelt vor, die indigene Bevölkerung hätte eine Möglichkeit, sich mit den Spaniern friedlich zu einigen. Dadurch erhielt die spanische Eroberung den Anschein der Rechtmäßigkeit. Das Requerimiento etablierte also ein Verfahren, welches der spanischen Krone gegenüber anderen europäischen Mächten die Behauptung ermöglichte, die Eroberung sei rechtmäßig, weil sie erst nach Unterweisung der Einheimischen vollzogen worden sei.
erläutern	Der Operator taucht häufig in schriftlichen Arbeiten auf. Dabei sollen Sachverhalte, die in Textquellen, aber auch in Materialien wie Statistiken oder Bildern angesprochen werden, in ihren **Hintergründen erklärt** werden. ▶ nächste Seite	Bei diesem Operator ist es wichtig, *nicht* nur einfach **Wissen** unstrukturiert und aneinandergereiht wiederzugeben. Sie sollen zeigen, dass Sie Ihr Wissen, das zur Bearbeitung der Aufgabe benötigt wird, abrufen können, um dann zielgerichtet die Sachverhalte zu erläutern. ▶ nächste Seite

Operator	Was ist zu beachten?	Wie ist vorzugehen?
erläutern	Das eigene Sachwissen ist zu nutzen, um zielgerichtet z. B. einzelne relevante Textpassagen, Bildelemente oder Daten in ihrer **tieferen Bedeutung** umfassend darzustellen. Hier zeigen Sie also, dass Sie Ihre **Kenntnisse kompetent anwenden** können. Der Operator beinhaltet zwar auch den Operator „erklären" (siehe Seite 62), geht jedoch über ihn hinaus. So sollen nicht nur **Theorien** (wie z. B. Theorien zu Krisen oder Transformationsprozessen), sondern auch **historische Beispiele** herangezogen werden, um die entsprechenden Sachverhalte zu veranschaulichen.	In einem ersten Schritt ist das vorgegebene Material daraufhin zu untersuchen, zu welchen Textpassagen, Bildelementen oder Daten Sie **Hintergründe** erläutern könnten. Zur Vorstrukturierung bietet es sich an, z. B. eine **Mindmap** zu erstellen und den gewählten Passagen schlagwortartig Sachinhalte zuzuordnen. Diesen Sachinhalten können noch weitere Inhalte zugeordnet werden, sodass sich ein umfassendes Beziehungsgeflecht ergibt. Nach einer von Ihnen gewählten Reihenfolge kann dann ausgehend vom Material die Erläuterung mit **Beispielen und Belegen** formuliert werden. **Beispiel**: Den Ausgangspunkt der Erläuterung bildet eine Textpassage aus dem 1513 verfassten Requerimiento. Dort wird von der indigenen Bevölkerung verlangt, die Kirche als obersten Herrn der gesamten Welt anzuerkennen. Eine mögliche Erläuterung dazu könnte folgendermaßen aussehen: Die spanische Krone will damit eine Rechtsgrundlage für ihre Herrschaft in Amerika schaffen. Sie hatte durch die päpstliche Bulle „Inter caetera divinae" (1493) und den Vertrag von Tordesillas (1494) die Herrschaft in den „neu entdeckten" Territorien, die sich in dem ihnen zugewiesenen Bereich befanden, zugesprochen bekommen – also letztlich auch vonseiten der Kirche. Daher ist es wichtig, dass die indigene Bevölkerung missioniert wird und sich zum „heiligen katholischen Glauben" bekennt (Belegstelle: Seiten- und/oder Zeilenangabe), um damit – in der Vorstellung der spanischen Krone – auch die neue Herrschaftsordnung verbindlich anzuerkennen. Deswegen wird sogar mit Vergünstigungen und Rechten im Fall eines Übertritts zum Christentum geworben (Belegstelle: Seiten- und/oder Zeilenangabe).
gegenüberstellen	Dieser Operator ist eine **Vorstufe zum Operator „vergleichen"** (siehe Seite 64 f.). Hier geht es aber ausschließlich darum, die **Unterschiede und Gegensätze** von Sachverhalten oder Materialien anhand **bestimmter Kriterien** herauszustellen.	Es empfiehlt sich, zunächst eine **Tabelle** anzulegen. Eine Spalte sollte sich auf den ersten Sachverhalt bzw. das erste Material und die andere auf den zweiten Sachverhalt bzw. das zweite Material beziehen. Anhand des in der Aufgabe formulierten Kriteriums werden nun beide Sachverhalte bzw. Materialien auf die gegensätzlichen Aspekte hin untersucht und diese jeweils in den entsprechenden Sichtweisen – am besten mit **Belegstellen** aus dem Material – stichpunktartig in die Tabelle eingetragen. Mithilfe dieser Vorstrukturierung können Sie dann die Gegenüberstellung ausformulieren. **Beispiel**: Während der sowjetische Staatspräsident Michail Gorbatschow Reformen (*Kriterium*) in der Sowjetunion anmahnt, schließt Erich Honecker auf einer Politbürositzung im Februar 1989 diese für die DDR mit den Worten „wir sind doch nicht daran interessiert, dass wir Rückstände wieder [...] als Ziel angehen [...]" aus (Belegstelle: Seiten- und/oder Zeilenangabe).
herausarbeiten	Während beim Operator „analysieren" (siehe Seite 61) die Aspekte, die aus einem Material erschlossen werden sollen, direkt zu erkennen sind, muss beim Operator „herausarbeiten" erst **„zwischen den Zeilen"** gelesen werden, um die Aussage eines Materials zu erfassen. Genauso wie beim Operator „analysieren" werden einem dabei **bestimmte Kriterien** an die Hand gegeben, anhand derer die Untersuchung erfolgen soll.	Wie bei den Operatoren „analysieren" und „charakterisieren" ist es auch beim Operator „herausarbeiten" hilfreich, sich das **Untersuchungskriterium**, das in der Aufgabenstellung genannt wird, klar zu machen. Achten Sie bei der Bearbeitung des Textes auf **Andeutungen** oder **subtile Bewertungen**, die der Autor/die Autorin vornimmt, und ziehen Sie daraus Ihre Erkenntnisse. **Beispiel**: Arbeiten Sie aus dem Bericht des Sekretärs des Herzogs von Aragón im Jahre 1517 heraus, wie er Leonardos Arbeiten beurteilt (*Kriterium*). Die relevante Textstelle in dem Bericht lautet: „Dieser Herr hat eine besondere (*Wertung*) Abhandlung über den Körperbau zusammengestellt [...], so wie noch kein anderer Mensch es jemals getan hat (*Wertung*)" (Belegstelle: Seiten- und/oder Zeilenangabe). ▶ nächste Seite

Operator	Was ist zu beachten?	Wie ist vorzugehen?
	◄ vorherige Seite	Fazit: Der Sekretär stellt das einzigartige Talent Leonardos heraus. Er hat etwas geschaffen, was noch niemand vor ihm geschafft hat, seine Arbeit ist also besser als die Anderer.
in Beziehung setzen	Wenn dieser Operator in einer Aufgabe verwendet wird, sind **Zusammenhänge** zwischen Sachverhalten, die in **verschiedenen Materialien** zu finden sind, herzustellen. Häufig soll dabei untersucht werden, in welcher Art der Sachverhalt in dem jeweils anderen Material erscheint und ob sich ggf. in der inhaltlichen Aussage Veränderungen zeigen. Es kann aber auch sein, dass in einem Material der Sachverhalt selbst analysiert wird und dann in Beziehung zu einem Material gesetzt werden soll, welches bereits die Folgen oder Ursachen dieses Sachverhaltes thematisiert. In jedem Fall ist es notwendig, die jeweils herausgestellten Zusammenhänge nachvollziehbar zu **erläutern**.	Analysieren Sie zunächst das Ausgangsmaterial nach den gesuchten Aspekten und listen Sie diese **stichpunktartig** auf (ähnlich wie beim Operator „nachweisen", siehe unten). Untersuchen Sie dann das andere Material daraufhin, inwiefern ein **Zusammenhang** zu den herausgestellten Aspekten erkennbar ist. Fassen Sie anschließend den jeweiligen Zusammenhang in Worte und erläutern Sie ihn. **Beispiel**: In dem Ende des 16. Jahrhunderts veröffentlichten Kupferstich von Theodor de Bry „Kolumbus betritt amerikanischen Boden" (*Ausgangsmaterial*) sind gleich mehrere Ereignisse zu erkennen, die sich in dem durch Bartolomé de Las Casas überlieferten „Bordbuch des Kolumbus" (*Bezugsmaterial*) an verschiedenen Tagen wiederfinden. So wird die Flucht der indigenen Bevölkerung vor der ankommenden Flotte des Kolumbus, die im Hintergrund des Kupferstiches zu sehen ist, im Bordbuch am ... erwähnt. Der Stich soll also in der Rückschau einen visuellen Überblick über verschiedene Ereignisse geben (*Erläuterung*).
nachweisen	Hier wird verlangt, ein Material auf **bekannte historische Inhalte** hin zu untersuchen (z. B.: Finden sich Aspekte von Martin Luthers Lehre in dem vorliegenden Text?). Außerdem ist genau aufzuzeigen, an welcher Stelle im Material die gesuchten Aspekte stehen. In schriftlichen Arbeiten ist dieser **Beleg** dann auch durch eine **Erläuterung** zu begründen.	Vergewissern Sie sich zunächst, welche **Aspekte** den historischen Inhalt, der nachgewiesen werden soll, ausmachen. Notieren Sie sich diese Aspekte und untersuchen Sie das Material daraufhin, ob der Inhalt direkt oder indirekt angesprochen wird. Formulieren Sie dann den Nachweis und nennen Sie die **Belegstelle**. Erläutern Sie anschließend, warum Sie diese Stelle gewählt haben. **Beispiel**: Das Motto der Humanisten „ad fontes", was übersetzt so viel wie „zu den Quellen" bedeutet (*Aspekt des gesuchten historischen Inhaltes*), lässt sich in Luthers Adelsschrift von 1520 nachweisen. Der Reformator bezieht sich bei seiner Aussage, dass alle Christen geistlichen Standes sind, auf eine Textpassage aus der Bibel (Belegstelle: Seiten- und/oder Zeilenangabe). Seine Überlegungen gehen also – wie es die Humanisten forderten – auf ein Studium der Quellen zurück, um der Wahrheit näher zu kommen. Dies steht auch in Verbindung zu dem auf Luther zurückgehenden Begriff „sola scriptura" (dt.: „allein durch die Schrift"), wonach die Bibel als einzige Quelle des christlichen Glaubens gilt (*Erläuterung*).
vergleichen	Bei einem Vergleich ist es wichtig, **Unterschiede**, **Ähnlichkeiten** und **Gemeinsamkeiten** zwischen Sachverhalten bzw. Materialien anhand **bestimmter Kriterien** darzustellen. Oft bleibt die Bearbeitung unvollständig, da z. B. nur auf die Unterschiede Bezug genommen wird.	Erstellen Sie eine **Tabelle** mit den Spalten „Gemeinsamkeiten", „Ähnlichkeiten" und „Unterschiede". Untersuchen Sie nun die Sachverhalte bzw. Materialien anhand des **Vergleichskriteriums** und tragen Sie Ihre Ergebnisse stichpunktartig – am besten mit den **Belegstellen** aus dem Material – in die Tabelle ein. Im Anschluss können Sie anhand dieser Vorstrukturierung den Vergleich ausformulieren. **Beispiel**: Der um 1450 erfundene Buchdruck mit beweglichen Lettern weist in seiner Wirkung (*Kriterium*) insofern *Gemeinsamkeiten* mit dem heutigen Internet auf, dass er eine Eigendynamik in der Verbreitung von Medien und Informationen auslöste. Was heute E-Mails oder Tweets leisten, erfüllten damals Flugschriften und -blätter als Massenmedien. Beiden Entwicklungen gemein ist zudem eine stärkere Vernetzung der Welt (*Ähnlichkeit*), auch wenn das Internet in viel größerem Ausmaß dazu beigetragen hat. Deutliche *Unterschiede* ergeben sich hinsichtlich der Autorenschaft und des Konsums: Die Kosten des Drucks von Schriften und Flugblättern waren immer noch so hoch, ► nächste Seite

Operator	Was ist zu beachten?	Wie ist vorzugehen?
vergleichen	◄ vorherige Seite	dass nicht jeder Mensch sich diese leisten konnte. Hinzu kam auch noch die geringe Alphabetisierungsrate zu Beginn der Entwicklung. Informationen und Nachrichten wurden also nur von einem Teil der Bevölkerung veröffentlicht und je nach Adressaten von einem größeren oder kleineren Kreis rezipiert. Das Internet ermöglicht jedoch, dass jeder Mensch zum Autor werden kann, ungeachtet der finanziellen oder literarischen Fähigkeiten.

Anforderungsbereich III (Reflexion und Problemlösung)

Operator	Was ist zu beachten?	Wie ist vorzugehen?
beurteilen	Es soll zu einem historischen Sachverhalt oder Prozess ein **begründetes Sachurteil** formuliert werden. Ein persönlicher Wertebezug wird nicht verlangt. Der Fokus ist in der Regel auf die Vergangenheit gerichtet. Es wird geprüft, ob der Sachverhalt/Prozess in der betrachteten Zeit in der Gesellschaft gerechtfertigt (legitim) bzw. stimmig oder nützlich (effizient) z. B. in Bezug auf wirtschaftliche oder politische Vorgänge war. Wichtig ist aus der **Perspektive der Zeit** zu urteilen, in der der Gegenstand, der beurteilt werden soll, in Erscheinung tritt. Entscheidend sind vor allem die **Argumente** bei der Beurteilung. Anhand **bestimmter Kriterien** wie beispielsweise Effizienz, Stimmigkeit oder Legitimität sollen historische Fakten und Beispiele angeführt werden und als Begründungen für das Urteil dienen. Je deutlicher erläutert wird, warum das Beispiel oder der Sachverhalt das eigene Urteil unterstützt, umso besser. Es können übrigens sowohl Argumente für als auch gegen die eigene Position in die Bearbeitung einfließen. Anders als bei „erörtern“ (siehe Seite 66) muss dies aber nicht zwingend sein.	Wählen Sie – falls es nicht schon durch die Aufgabenstellung vorgegeben ist – ein für die Beurteilung sinnvoll erscheinendes **Sachkriterium** (z. B.: Effizienz, Stimmigkeit oder Legitimität) aus. Es sollte dann bei der späteren Formulierung der Beurteilung auch explizit genannt werden. Überprüfen Sie, in welcher Ausprägung die Kriterien bei dem zu untersuchenden Gegenstand vorliegen, und überlegen Sie anschließend, welche **Position** Sie vertreten wollen. Sammeln Sie im Anschluss daran Ihre Argumente stichpunktartig und achten Sie darauf, **historische Sachverhalte *und* Beispiele** anzuführen. Generell müssen Sie (insbesondere in schriftlichen Arbeiten) auch das Material, zu dem die Aufgabe gestellt ist, zur Unterstützung Ihrer Argumentation oder als Ausgangspunkt für die Beurteilung einbeziehen. Beim Verfassen der Beurteilung sollten Sie daher mit **Zitaten** aus oder **Bezügen** zum Material (Zeilenangaben) arbeiten. Am Ende der Bearbeitung sollte ein **Fazit** stehen, das die zentralen Argumente noch einmal prägnant zusammenfasst und die eigene Position auf den Punkt bringt. Als **Faustregel** gilt: Nicht das Urteil an sich entscheidet darüber, ob die Bearbeitung gelungen ist, sondern die Qualität und Nachvollziehbarkeit der Argumente, anhand derer das eigene Urteil begründet wird. **Beispiel**: Die Umsiedlung der indigenen Bevölkerung in Dörfern und Gemeinden, wie es auch der Vizekönig von Peru im 16. Jahrhundert dem spanischen König berichtete (Belegstelle: Seiten- und/oder Zeilenangabe), war in Bezug auf die Ziele der Spanier durchaus effizient (*Kriterium*). Auf diese Weise konnte die indigene Bevölkerung besser durch die Spanier kontrolliert und missioniert werden. Mit der Annahme des christlichen Glaubens wurde so auch die gottgegebene Herrschaft der Spanier von der indigenen Bevölkerung akzeptiert (*Argument*).
entwickeln	Anders als bei den anderen Operatoren im Anforderungsbereich III verbleibt der Operator „entwickeln“ nicht nur bei einer **Beurteilung** eines Sachverhalts oder einer Problemstellung. Darüber hinaus sind Sie hier aufgefordert, eine **eigene Einschätzung** des Sachverhalts darzulegen und ggf. sogar ein **Lösungsmodell** für die vorliegende Problemstellung zu konstruieren. Oft ist hier das Einnehmen einer **Gegenposition** hilfreich, um aus dieser eine Alternative zu dem vorgelegten Problem oder dem Sachverhalt zu gewinnen. Formate wie die Gegenrede oder der Leserbrief bieten sich hier als Rahmen zur Ausformulierung der Ergebnisse an.	Machen Sie sich zunächst die **Sachverhalte**, die **Problemstellungen** und **Wertungen** klar, die sich aus dem Material, das Sie bearbeiten, ergeben (z. B. durch die Analyse eines Textes oder einer Karikatur). Überlegen Sie nun jeweils Möglichkeiten, die Aspekte anders zu sehen bzw. anders mit ihnen umzugehen. Finden Sie **Argumente** dafür, dass diese Alternativen eine tragfähigere Strategie darstellen, das vorliegende Problem zu lösen. Gehen Sie dabei auf prägnante Punkte im vorliegenden Material ein, und stellen Sie daraufhin Ihre **Alternative** begründet vor. Im abschließenden **Fazit** bringen Sie ihr Lösungsmodell dann noch einmal auf den Punkt. **Beispiel**: In seiner Rede am 10. Oktober 1991 zum bevorstehenden Kolumbus-Tag verweist US-Präsident George Bush darauf, dass die „Entdeckung“ Amerikas ► nächste Seite

Operator	Was ist zu beachten?	Wie ist vorzugehen?
entwickeln	◄ vorherige Seite	durch Christoph Kolumbus zu einem „Austausch von Wissen, Ressourcen und Ideen zwischen der Alten und der Neuen Welt" geführt habe (Belegstelle: Seiten- und/oder Zeilenangabe). Seine Aussage erweckt den Eindruck, hier habe ein gleichberechtigter Austausch bzw. Handel stattgefunden (*Bezug zum Text*). Das war aber nicht der Fall (*Gegenposition*). Wissen aus der „Alten Welt" wie z. B. der Bergbau wurden von Spaniern vorrangig in die „Neue Welt" gebracht, um Ressourcen der indigenen Bevölkerung einseitig und unter menschenunwürdigen Arbeitsbedingungen auszubeuten (*Argument*). In einer Rede zum Kolumbus-Tag muss auf dieses ungerechte Missverhältnis aus Gründen der Wahrhaftigkeit hingewiesen werden, auch wenn langfristig die „Neue Welt" auch von neuen Techniken profitieren konnte. Zudem wäre hier eine Entschuldigung für die Ausbeutung der einheimischen Bevölkerung angebracht (*alternatives Lösungsmodell*).
erörtern	Eine Erörterung erfolgt zu einer vorgegebenen Problemstellung, die meist als eine **These/ Position** vorgegeben ist. Wie beim Operator „sich auseinandersetzen" (siehe unten) steht es einem offen, ob man ein **Sach- oder Werturteil** verfassen möchte, es sei denn, die Aufgabenstellung gibt dies bereits vor. Anders als bei den Operatoren „beurteilen", „Stellung nehmen" oder „sich auseinandersetzen" ist es hier zwingend erforderlich, eine **abwägende Auseinandersetzung/Beurteilung** zu gestalten. Bevor die eigene Position im abschließenden **Fazit** auf den Punkt gebracht wird, müssen also sowohl Argumente für als auch gegen die vorgegebene These/ Position gesammelt, gewichtet und begründet werden.	Wählen Sie – falls es nicht schon durch die Aufgabenstellung vorgeben ist – ein Ihnen für die Aufgabe sinnvoll erscheinendes **Sach- oder Wertekriterium** für die Beurteilung aus (z. B. Effizienz, Stimmigkeit oder Legitimität bzw. Freiheit, Sicherheit etc.). Es sollte später bei der Formulierung der Erörterung auch genannt werden. Überprüfen Sie anhand des ausgewählten Kriteriums, welche Argumente für und welche gegen die formulierte These oder die problemorientierte Fragestellung sprechen. Listen Sie die **Pro- und Kontra-Argumente** stichpunktartig mithilfe einer Tabelle auf. Achten Sie auch darauf, historische Sachverhalte *und* Beispiele anzuführen sowie das zur Erörterung vorgegebene Material – wie bei den Operatoren „beurteilen", „Stellung nehmen" und „sich auseinandersetzen" – einzubeziehen. Überlegen Sie anschließend, welche **Position** Sie vertreten wollen. Gewichten Sie die gesammelten Pro- und Kontra-Argumente – beginnend mit dem schwächsten Argument (für die eigene Position) bzw. stärksten Argument (gegen die eigene Position). In dieser Reihenfolge formulieren Sie dann Ihre Erörterung nach dem sogenannten **„Sanduhrprinzip"**. Am Ende der Bearbeitung sollte ein **Fazit** stehen, das die zentralen Argumente noch einmal prägnant zusammenfasst und die eigene Position auf den Punkt bringt. Generell gilt als **Faustregel** auch hier: Nicht das Urteil an sich entscheidet darüber, ob die Bearbeitung gelungen ist, sondern die schlüssige Argumentation, anhand derer das eigene Urteil begründet wird. **Beispiel**: Erörtern Sie, ob es sich bei dem „Thesenanschlag" Martin Luthers um einen Wendepunkt in der Geschichte handelt (*problemorientierte Fragestellung*). Mögliche Antwort: Im Sinne der Stimmigkeit (*Sachkriterium*) der These vom „Wendepunkt in der Geschichte" ist festzuhalten, dass bereits vor dem Thesenanschlag von 1517 Reformer wie John Wyclif und Jan Hus ähnliche Ansichten wie Martin Luther gegenüber der Kirche vertraten, z. B. ... Luthers Thesenanschlag hatte aber deutlich gravierendere Auswirkungen auf das Heilige Römische Reich und Europa als das Wirken seiner Vorgänger, wie z. B. ...
sich auseinandersetzen	Bei diesem Operator steht es Ihnen frei, ob Sie ein **Sach- oder Werturteil** bilden. Anders als beim Operator „Stellung nehmen" (siehe Seite 67) ist es für das Verfassen eines Werturteils also nicht erforderlich, zuvor noch ein Sachurteil zu formulieren. Oft lässt sich bereits schon aus der Aufgabenstellung ablesen, welche Art von Urteil verlangt wird.	Es sind die gleichen Anregungen und Hilfen, wie bei den Operatoren „beurteilen" und „Stellung nehmen" zu beachten. Bei einem **Sachurteil** würden dann jeweils Sachkriterien wie z. B. Legitimität, Stimmigkeit oder Effizienz gelten, während bei einem **Werturteil** Maßstäbe wie Freiheit, Gerechtigkeit etc. herangezogen werden könnten. Wie bereits weiter oben erwähnt, ist auch hier nicht das Urteil entscheidend darüber, ob es sich um eine gelungene Bearbeitung handelt, sondern die **schlüssige Argumentation**, anhand derer das **eigene Urteil** begründet wird.

Operator	Was ist zu beachten?	Wie ist vorzugehen?
Stellung nehmen	Der Operator geht über ein **begründetes Sachurteil** hinaus, da hier zusätzlich ein **Werturteil** gefordert wird. Eine Stellungnahme besteht also im Grunde genommen aus zwei Teilen: Im ersten Teil geht es um Aspekte, die schon unter dem Operator „beurteilen" erklärt worden sind (siehe Seite 65). Im zweiten Teil ist ein Werturteil zu formulieren, bei dem eine Beurteilung aus **heutiger Perspektive** und anhand von **heutigen Wertmaßstäben** (z. B.: Freiheit, Sicherheit, Recht und Gerechtigkeit, Gleichberechtigung, politische Teilhabe, Solidarität) verlangt wird. Entscheidend beim Werturteil sind auch hier die **Argumente**. Je überzeugender diese sind, umso besser.	Zu beachten ist, dass dem Werturteil ein Sachurteil vorgeschaltet ist. Daher gelten hier die gleichen Hinweise wie beim Operator „beurteilen". Im Prinzip kann für das Werturteil das Vorgehen genauso erfolgen, nur dass **heutige Wertmaßstäbe** als Kriterien dienen, die in der Stellungnahme auch benannt werden sollten. Außerdem gilt wieder die **Faustregel**: Nicht das Sach- und anschließende Werturteil an sich entscheiden darüber, ob die Bearbeitung gelungen ist, sondern die Qualität und Nachvollziehbarkeit der Argumente, anhand derer die eigenen Urteile begründet werden. **Beispiel**: Die Umsiedlung der indigenen Bevölkerung in Dörfern und Gemeinden im 16. Jahrhundert war in Bezug auf die Ziele der Spanier durchaus effizient (*Kriterium*). Auf diese Weise konnte die indigene Bevölkerung besser kontrolliert und missioniert werden. Mit der Annahme des christlichen Glaubens wurde so auch die gottgegebene Herrschaft der Spanier von der indigenen Bevölkerung akzeptiert (*Argument für das Sachurteil*). Im Hinblick auf das Kriterium „Freiheit" ist das Vorgehen aus heutiger Sicht abzulehnen. Die Freizügigkeit (freie Wahl des Wohnortes) und die Glaubensfreiheit (*Wertmaßstäbe*) der indigenen Bevölkerung wurden stark eingeschränkt. Es wurde ein willkürlicher Zwang ausgeübt (*Argument für das Werturteil*).
überprüfen	Hier soll ein Sachverhalt daraufhin untersucht werden, ob er die Voraussetzungen für die **Gültigkeit einer Hypothese** erfüllt. Oft wird anhand von Materialien überprüft, ob historische Theorien und Modelle einen Prozess passend beschreiben – z. B. ob ein Sachverhalt als Krise oder Revolution einzuschätzen ist. Anders als beim Operator „nachweisen" (siehe Seite 64) ist nicht sicher, dass sich die Hypothese am Ende wirklich bestätigen lässt bzw. der Prozess nachweisbar ist. Die Überprüfung ist also **offen** und muss auch nicht zu einem eindeutigen Ergebnis führen. Umso wichtiger ist es hier, die Erkenntnisse, die Sie bei der Überprüfung gewonnen haben, durch eine **Erläuterung** zu begründen. Je präziser erläutert wird, warum das Beispiel oder der Sachverhalt die zu überprüfende Hypothese unterstützt oder entkräftet, umso besser.	Formulieren Sie **zentrale Kriterien**, die erfüllt sein müssen, damit die zu überprüfende These Gültigkeit besitzt. Bearbeiten Sie den Sachverhalt/das Material daraufhin, inwieweit diese Kriterien nachweisbar sind. Erfolgt die Überprüfung anhand eines Materials, sollten Sie **relevante Textstellen** oder **Zahlenwerte** vermerken, die Sie später zitieren können. Verfassen Sie strukturiert ihr **„Prüfgutachten"**, indem Sie ausgehend vom Sachverhalt/dem Material darlegen, inwieweit die Hypothese erfüllt ist. Begründen Sie Ihre Einschätzung durch Beispiele/Sachwissen. **Beispiel**: Die Entwicklungen in der DDR 1989 brachten einen fundamentalen Systemwechsel (*Kriterium einer Revolution*) für die Bevölkerung. Aus einer faktischen Einparteienherrschaft wurde eine parlamentarische Demokratie, aus einer zentralistischen Planwirtschaft schließlich eine freie Marktwirtschaft (*Argumente*). In diesem Aspekt ist das Kriterium einer Revolution also erfüllt.

Operator, der Leistungen in allen drei Anforderungsbereichen verlangt:

Operator	Was ist zu beachten?	Wie ist vorzugehen?
interpretieren	Der Operator erfordert **Leistungen aus allen drei Anforderungsbereichen**. Zuerst ist nachzuweisen, dass das Material verstanden worden ist. Das bedeutet, dass zunächst eine Beschreibung, Zusammenfassung oder Wiedergabe der Inhalte des Materials in eigenen Worten erfolgt. Danach soll anhand von bestimmten Kriterien das Material auf seine Inhalte hin analysiert und diese mithilfe des eigenen Fachwissens erläutert werden. Die Kriterien können in der Aufgabenstellung vorgegeben sein oder müssen selbst festgelegt werden. Zum Schluss sind die Aussagen, die sich aus dem Material ergeben, zu beurteilen. Dabei soll immer ein Sachurteil erfolgen, das noch um ein Werturteil ergänzt werden kann, aber nicht muss.	Es empfiehlt sich, **schrittweise vorzugehen** und die jeweiligen **Teile der Bearbeitung auszuformulieren**. Beginnen Sie mit der Beschreibung, Zusammenfassung oder Textwiedergabe, anschließend folgen die Analyse und Erläuterung bezogen auf ein Untersuchungskriterium. Zuletzt ist die Beurteilung oder Stellungnahme in Hinblick auf das zuvor Untersuchte vorzunehmen. **Hilfen** zur jeweiligen Vorstrukturierung befinden sich bei den entsprechenden Operatoren. **Beispiel** *(für eine Aufgabenstellung):* Interpretieren Sie die Wandmalerei „Landung der Spanier in Veracruz" von Diego Rivera aus dem Jahre 1951 im Hinblick auf ihre Aussagekraft bezüglich der Folgen der spanischen Kolonisation (*Untersuchungskriterium*).

2.3 Gewusst wie: Lerntipps fürs Abitur

Kennen Sie das auch: Sie stehen kurz vor der Abiturprüfung und wissen nicht, wie Sie sich die ganze Stofffülle merken sollen? Typische Eselsbrücken aus dem Geschichtsunterricht wie „Sieben, fünf, drei – Rom schlüpft aus dem Ei" oder „Zehn, sieben, sieben – Heinrich muss nach Canossa schieben" helfen beim Abitur nur bedingt weiter. Daher wollen wir Ihnen auf dieser Seite ein paar ausgewählte Techniken und Hilfen vorstellen, mit denen Sie sich den Lernstoff besser aneignen können.

Lerntipp 1

Was hat mein Stuhl mit der konstitutionellen Monarchie zu tun?

Stellen Sie sich folgende Situation vor: Sie gehen durch Ihr Zimmer und legen gedanklich an bestimmten Orten jeweils eine Information zu den Hauptphasen der Französischen Revolution ab. Wie soll das funktionieren? Ganz einfach! Hier ein Beispiel: Stuhl – Konstitutionelle Monarchie, Schreibtisch – Republik und „Schreckensherrschaft", Regal – Direktorium. Ausgewählte **Orte** werden also mit verschiedenen **Inhalten** verbunden. Und nicht nur das. Sie sind zudem durch kleine **Geschichten** miteinander zu verknüpfen. Der Fantasie sind dabei keine Grenzen gesetzt. Am Beispiel des Stuhles kann das Ganze dann so aussehen: Eigentlich bräuchte ich dringend einen neuen Stuhl. Seine „Konstitution" ist nicht mehr gut. Lieber würde ich wie ein „Monarch" auf einem neuen Stuhl thronen (= Konstitutionelle Monarchie).
Zudem ist es wichtig, dass der von Ihnen festgelegte Weg in der richtigen **Abfolge** wiederholt wird, um sich die Begriffe dauerhaft merken zu können. Dabei müssen Sie Ihre Route im Zimmer nicht immer selbst abschreiten, sondern können diese auch in Gedanken durchlaufen.

Lerntipp 2

Werden Sie kreativ und fertigen Sie Gedankenlandkarten an!

Bei dieser Methode geht es darum, Ihre Gedanken zu einem Thema aufs Papier zu bringen. Die Gedankenlandkarten – auch **Mindmaps** genannt – helfen Ihnen, Ideen zu ordnen, übersichtlich darzustellen und Wissen zu verknüpfen. Welche Schritte bei der Gestaltung einer Mindmap zu beachten sind, finden Sie unter dem Code **32037-74**. Im Internet gibt es übrigens kostenlose **Programme** (z. B.: Free Mind, FreePlane und Mindmapping), mit denen sich ganz einfach und schnell Mindmaps kreieren lassen.

Lerntipp 3

Reden ist Silber, Schweigen ist Gold – stimmt das überhaupt?

Das bekannte Sprichwort kann beim Lernen ignoriert werden. Hier ist es sogar ratsam, über das Gelernte zu sprechen. **Erzählen** Sie Ihrem Freundeskreis oder Ihrer Familie von dem Thema, mit dem Sie sich gerade beschäftigen. Ein guter Nebeneffekt ist, dass Sie sich damit auch testen, ob Sie alles verstanden haben. Sie können natürlich auch kleine Gruppen mit Ihren Mitschülern bilden und sich gegenseitig abfragen. Lernen Sie lieber alleine, hilft auch **halblautes oder lautes Üben** beim Einprägen neuer Informationen.

Lerntipp 4

Merke: Wiederholung macht den Meister!

Die Themenvielfalt, die Sie für das Abitur beherrschen sollen, ist nicht gerade gering. Daher sollten Sie es unbedingt vermeiden, sich zu überfordern und zu viel auf einmal zu lernen. Effizienter ist es, sich den Lernstoff vorab in **überschaubare Einheiten** einzuteilen und das angeeignete Wissen **regelmäßig zu wiederholen**. Nach nur einmaligem Lernen ist die Wahrscheinlichkeit nämlich hoch, in wenigen Tagen die Hälfte davon wieder zu vergessen. Erst durch häufige Wiederholungen prägen sich die Informationen auch dauerhaft ins Gedächtnis ein.

Weitere Tipps: Verschiedene YouTube-Videos zu Lern- und Merktechniken, darunter auch welche Lernfehler unbedingt vermieden werden sollten, haben wir für Sie unter dem Code **32037-73** zusammengestellt.

2.4 Präsentationsformen

Mit (mediengestützten) Präsentationen können die Ergebnisse von Gruppen-, Partner- oder Einzelarbeiten vorgestellt werden. Ziel ist es, die Zuhörer bzw. die Leser zu informieren und / oder zu überzeugen.

Mündlich

- Rede
- Referat (Vortrag)

Schriftlich

- (offener) Brief
- Essay
- Protokoll
- Thesenpapier
- Zeitungsartikel

Visuell

- Fotodokumentation / -reportage
- Mindmap
- Plakat
- Schaubild / Grafik
- Tafelbild

Interaktiv

- Pro- und Kontra-Debatte
- Interview
- Rollenspiel
- Umfrage

Hinweis: Einige grundlegende Arbeitshinweise zu einzelnen Präsentationsformen, wie zum Beispiel Referat und Mindmap, finden Sie unter dem Code **32037-74**.

2.5 Hinweise zur Bearbeitung von Klausuren

Ziel

Klausuren

In Klausuren sollen Sie zeigen, dass Sie fachspezifisches Material anhand von Aufgaben angemessen bearbeiten können. Dabei sollen Sie ihr Wissen mit neuen Sachverhalten **problembewusst verknüpfen** und begründet **Stellung nehmen**.

Anforderung

Reproduktion

Im **Anforderungsbereich I** beschreiben Sie geordnet und gerafft historische Zustände oder Entwicklungen.

Reorganisation und Transfer

Im **Anforderungsbereich II** bearbeiten Sie Materialien problem- und methodenbewusst zu einem aus dem Unterricht bekannten Thema.

Reflexion und Problemlösung

Der **Anforderungsbereich III** verlangt gründliches Nachdenken und eine Lösung. Sie müssen auf Grundlage Ihrer Materialienanalyse ein Problem untersuchen und bewerten. Ihre Stellungnahme kann eine abwägende Diskussion gegensätzlicher Standpunkte erfordern. Abschließend müssen Sie dazu selbst Position beziehen.

Tipp

Die Operatoren der Anforderungsbereiche I bis III finden Sie vorne im Buch erklärt (siehe: Anforderungsbereiche und Operatoren). **Hilfen zum richtigen Umgang mit den Operatoren** bietet die Übersicht ab Seite 60.

Vorgehen

Aufgaben erfassen

- ☑ Lesen Sie die **Aufgaben** sorgfältig durch; unterstreichen Sie den **Operator**. Versuchen Sie, den Auftrag genau zu erfassen. Machen Sie sich ihn bei Bedarf in eigenen Worten klar. Finden Sie **Schlüsselbegriffe** und klären Sie kurz ihre Bedeutung.

Operatoren beachten

- ☑ Erledigen Sie die Aufgaben streng anhand der Operatoren. Sie zeigen Ihnen, zu welchen **Anforderungsbereichen** Sie jeweils arbeiten sollen.

Kernaussagen ermitteln

- ☑ Lesen Sie den Text zunächst als Ganzes, um Thema und Hauptaussagen im **Zusammenhang** zu begreifen. Im zweiten Durchgang ermitteln Sie aufgabenbezogen die **wesentlichen Aussagen**. Unterstreichen Sie dabei Wörter statt Sätze; so fällt es Ihnen leichter, **eigene Formulierungen** zu finden und sich von der Vorlage zu lösen.

Aussagen strukturieren

- ☑ Stellen Sie zunächst den **Autor** und die **Quelle** (Entstehungszeit, historischer Kontext, Adressaten) vor, wiederholen Sie aber nicht die wissenschaftliche Fundstelle des Textes.

Text gliedern

- ☑ Gliedern Sie Ihren Text folgerichtig. Setzen Sie **Schwerpunkte in Inhalt und Umfang** Ihres Textes. Achten Sie bei Ihrem Zeit- und Arbeitsaufwand auf die Gewichtung der Aufgaben.
- ☑ Geben Sie die Hauptgedanken eigenständig in **indirekter Rede** im **Konjunktiv** wieder.

Aussagen belegen

- ☑ Direkte **Zitate** empfehlen sich, wenn der Operator intensive Textarbeit verlangt und sie einen Kernaspekt in auffälligen Worten ausdrücken. Eine **Erläuterung in eigenen Worten** muss folgen.
- ☑ Halten Sie die **Reihenfolge der Aufgaben** ein. Vermeiden Sie Überschneidungen.

Stil

- ☑ Schreiben Sie **kurze, verständliche Hauptsätze** oder **Satzgefüge**. Drücken Sie sich sachlich aus und benutzen Sie **Fachbegriffe**.

Letzte Kontrolle

- ☑ Planen Sie Zeit für die **Durchsicht** ein. Lesen Sie Ihre Klausur zunächst nur unter **inhaltlichen Gesichtspunkten**; erst in einem zweiten Durchgang achten Sie auf **Rechtschreibung, Grammatik** und **Satzbau**. Achten Sie auf die **Zeitenfolge** (Präsens mit Perfekt; Präteritum mit Plusquamperfekt). Nutzen Sie zulässige **Wörterbücher**.

2.6 Formulierungshilfen für die Textanalyse

Einleitung

Der Verfasser / die Verfasserin (kurze Vorstellung) beschäftigt sich (Zeit / Kontext) mit .../ untersucht / setzt sich mit der Frage auseinander / behandelt das Problem .../thematisiert / äußert sich zu / führt aus ...
Beispiel: Der Historiker Klaus J. Bade setzt sich in seiner 2002 erschienenen Publikation „Europa in Bewegung" mit der historischen und aktuellen Bedeutung von Migration auseinander.

Einordnung in den historischen Kontext

Der Autor / die Autorin (Name) hat den Brief / Aufsatz / etc. verfasst / die Rede gehalten, als ... Die Quelle lässt sich vor dem Hintergrund von ... einordnen / ist im Zusammenhang mit ... zu sehen.
Beispiel: Die Bürgerbewegung „Demokratie Jetzt" startet am 12. September 1989 einen Aufruf, der sich an alle Initiativgruppen und reformfreudigen Kräfte in der DDR richtet und auf aktuelle Probleme im Staat eingeht. Der Aufruf lässt sich vor dem Hintergrund der sich wirtschaftlich und politisch zuspitzenden Krise der DDR im Jahre 1989 einordnen.

Textwiedergabe „Kernthese"

Er / sie behauptet / ist der Meinung, dass ... / vertritt die These / die Position, dass ...
Beispiel: Der amerikanische Politikwissenschaftler Samuel Phillips Huntington behauptet, dass die Konflikte in der Welt in der Zukunft zwischen verschiedenen Großkulturen verlaufen werden.

Textwiedergabe „Argumentation"

Der Verfasser / die Verfasserin begründet dies, indem er / sie ... / belegt dies mit ... / erklärt dies mit / hebt hervor / betont / kritisiert / bemängelt / argumentiert
Beispiel: Der Politikwissenschaftler Samuel Phillips Huntington betont, dass ein „weltweiter Kampf der Kulturen" (Zeilenangabe / Belegstelle) nur zu vermeiden sei, wenn der Westen seine Kultur verteidigt und dieser nicht darauf hoffe, dass die anderen Kulturen sich ihm annähern werden.

Zusammenfassung

Der Autor / die Autorin fasst seine / ihre Haltung / Sichtweise zusammen, indem er / sie ... / sagt abschließend ... / kommt zu dem Schluss, dass ...
Beispiel: Eberhard Kolb, Professor für Geschichte, kommt zu dem Schluss, dass jeder Historiker durch die Gewichtung der verschiedenen Faktoren darüber entscheidet, wie er das Scheitern der Weimarer Republik interpretiert.

Vergleich

Ebenso wie (ein anderer Autor / eine andere Autorin) / anders als (die Meinung / Argumentation / Position von) ...
Beispiel: Die Historiker František Graus und Peter Schuster nehmen unterschiedliche Standpunkte in Bezug auf die Krise des Spätmittelalters ein. Während Graus ... betont, hebt Schuster ... hervor.

Absicht

Er / sie will darauf hinweisen / erreichen / verdeutlichen / appelliert / zielt auf / verfolgt die Absicht ...
Beispiel: Der britische Mathematiker, Philosoph und Friedensforscher Bertrand Russell will mit seinem in der „Times" am 23. Oktober 1945 erschienenden Leserbrief auf die Geschehnisse im Kontext der Vertreibung der deutschen Bevölkerung aufmerksam machen.

Stellungnahme (Sach- und Werturteil)

Beurteilung: Die Argumentation überzeugt (nicht) / ist widersprüchlich / schlüssig / (nicht) einleuchtend / nachvollziehbar / zutreffend, weil ... *Bewertung*: Ich stimme dem Autor / der Autorin zu / teile (nicht) die Haltung des Verfassers / der Verfasserin / schließe mich (nicht) der Argumentation an, weil ... / Aus heutiger Sicht / Perspektive lässt sich sagen / festhalten, dass ...
Beispiel: Die Thesen des amerikanischen Politologen Jack A. Goldstone über die Ursachen von Revolutionen überzeugen (nicht) aus folgenden Gründen: ...

2.7 Übungsklausur: Geschichts- und Erinnerungskultur

Die Aufgabenstellung bezieht sich auf das **Pflichtmodul** „Mythen" aus dem vierten Rahmenthema mit dem dazugehörigen **Kernmodul**. Der inhaltliche Schwerpunkt liegt auf der „Dolchstoßlegende". Damit wird ein Semesterübergriff zum **Pflichtmodul** „Die Gesellschaft der Weimarer Republik" aus dem dritten Rahmenthema des niedersächsischen Kerncurriculums hergestellt.

Pflicht- und Kernmodul sowie Semesterübergriff

1. Beschreiben Sie die Zeichnung von M1 und fassen Sie den darunterstehenden Text zusammen.
2. Erklären Sie anhand von M1 und M2, wie Kapitulation und Kriegsende von der Rechten instrumentalisiert wurden und weshalb die „Dolchstoßlegende" zum Mythos wurde.
3. Charakterisieren Sie das Vorgehen Erich Kuttners in M3 und arbeiten Sie die Zielgruppe seines Textes heraus.
4. Beurteilen Sie die Aussage von M2, dass kaum eine andere Parole so viel zur Zerstörung der Weimarer Republik beigetragen habe, wie die „Dolchstoßlegende" (vgl. Zeile 39 f.).

Hinweis: Ihre Arbeitsergebnisse zu den Aufgaben 1 bis 4 können Sie mit den Lösungsvorschlägen unter dem Code **32038-08** vergleichen.

Tipps für die Bearbeitung

- **Aufgabe 1**: Informationen zu den Bildelementen sowie den Text des Plakats finden Sie unter dem Mediencode **31000-65**.
- **Aufgabe 2**: Was unter dem Begriff „Mythos" zu verstehen ist, können Sie auf Seite 20 nachlesen.
- **Aufgabe 3**: Berücksichtigen Sie bei der Herausarbeitung der Zielgruppe auch die vom Autor genannten Personen.

M1 „Wählt deutschnational!"

Mit diesem Plakat, das sich auf die „Dolchstoßlegende" bezieht, wirbt die DNVP bei der Reichstagswahl am 7. Dezember 1924 um Wähler:

M2 Zur „Dolchstoßlegende"

Im Jahre 2004 fasst der Journalist Otto Langels Entstehung und Wirkung der „Dolchstoßlegende" zusammen:

In einer Rede während des Ersten Weltkrieges deutete Generalfeldmarschall Paul von Hindenburg an, was bald nach der deutschen Niederlage im November 1918 in reaktionären Zeitungen zu lesen war: Das deutsche Heer sei im Felde unbesiegt geblieben, aber von Feinden aus der Heimat erledigt worden – von streikenden Arbeitern, pazifistischen Sozialdemokraten und linksradikalen Spartakisten.

Am 18. November 1919 nutzte Hindenburg den parlamentarischen Untersuchungsausschuss für die Schuldfragen des Weltkrieges, um die später als Dolchstoßlegende bekannt gewordene Propagandalüge zu formulieren: „Ein englischer General sagte mit Recht: Die deutsche Armee ist von hinten erdolcht worden. Wo die Schuld liegt, ist klar erwiesen."

Der Feldmarschall täuschte mit seiner Aussage bewusst die Öffentlichkeit. Denn die Oberste Heeresleitung unter Hindenburg und dem Generalquartiermeister Erich Ludendorff hatte nach der gescheiterten Sommeroffensive 1918 die Reichsregierung ultimativ aufgefordert, Waffenstillstandsverhandlungen aufzunehmen. Am 29. September überzeugten Hindenburg und Ludendorff Kaiser Wilhelm II., dass angesichts der militärischen Überlegenheit des Gegners Deutschland den Krieg definitiv verloren habe. Die Verantwortung wollte die Oberste Heeresleitung jedoch nicht übernehmen, sondern die „Suppe sollen die essen", wie Ludendorff sich ausdrückte, „die sie uns eingebrockt haben". Gemeint waren damit die später als „Novemberverbrecher" diffamierten linksliberalen, sozial- und christdemokratischen Politiker. […]

Doch die antidemokratisch gesinnten Militärs und Politiker wollten sich mit der deutschen Niederlage in einem Krieg nicht abfinden, den sie als Verteidigungskrieg deklariert, tatsächlich aber als Eroberungsfeldzug angelegt hatten. Vor allem die Parteien der extremen Rechten, die Deutschnationale Volkspartei und die NSDAP, betrieben mit der Dolchstoßlegende eine hasserfüllte Agitation gegen die Anhänger der Weimarer Republik. […]

Kaum eine andere Parole hat so viel zur Zerstörung der Weimarer Republik beigetragen wie die Dolchstoßlegende. Die Verratsvorwürfe, denen sich demokratische Politiker ausgesetzt sahen, erwiesen sich als schwere Hypothek für die junge Demokratie. Die Gewinner waren die Nationalsozialisten. Sie konnten die Geschichtslüge erfolgreich für ihren Kampf um die Macht einsetzen.

Zitiert nach: Otto Langels, Vor 85 Jahren formulierte Hindenburg die Dolchstoßlegende, in: Deutschlandfunk vom 18. November 2004; https://www.deutschlandfunk.de/vor-85-jahren-formulierte-hindenburg-die-dolchstosslegende-100.html (Zugriff: 8. März 2023)

M3 „Der Sieg war zum Greifen nahe!"

Erich Kuttner (1887–1942), Abgeordneter der SPD, Journalist und ehemaliger Frontsoldat, gibt 1922 die Broschüre „Der Sieg war zum Greifen nahe!" heraus. Sein Ziel ist es, die mit dem Kriegsende zusammenhängenden „Geschichtslügen", insbesondere die „Dolchstoßlegende", mit historischen Dokumenten zu widerlegen. Im Vorwort schreibt er:

Diese Schrift dient allein dem Zweck der Wahrheit. Der Herausgeber will auf der Grundlage authentischer Zeugnisse und Dokumente jenen Geschichtslügen und Geschichtsverdrehungen ein Ende bereiten, die zu deutlich umstürzlerischen Zwecken geflissentlich von Leuten in die Welt gesetzt werden, denen selbst ihr politischer Gegner ein höheres Maß von Gerechtigkeit und Wahrheitsliebe zugetraut hätte.

In solcher Absicht bringt die Schrift eine Zusammenstellung unumstößlicher historischer Dokumente. Eigenen Text hat der Herausgeber nur insoweit hinzugefügt, als dies zum Verständnis des Zusammenhangs notwendig war. Im Übrigen sollen die Dokumente für sich selber sprechen. Sie haben Männer zu Verfassern, die als Heerführer und Staatsmänner in der abgelaufenen Geschichtsperiode höchste Ämter bekleidet haben. Die hauptsächlichsten Gewährsmänner des Herausgebers sind: Der Kronprinz Friedrich Wilhelm, der bayerische Kronprinz Rupprecht, der Generalfeldmarschall Hindenburg, der Generalquartiermeister Ludendorff, die Oberste Heeresleitung, der Forstrat Escherich, die Reichskanzler der Kriegszeit usw.

An die Spitze jedes Kapitels ist die Geschichtslüge gestellt, die es zu widerlegen gilt. Die Dokumente sind alsdann so angeordnet, dass sich die Widerlegung für den aufmerksamen Leser daraus von selber ergibt. Zur Unterstützung des Lesers hat der Herausgeber die entscheidenden Stellen durch den Druck hervorgehoben.

Der Herausgeber gibt der aufrichtigen Hoffnung Ausdruck, dass vorzüglich die Kreise, bei denen die Namen der genannten Gewährsmänner höchsten Klang haben, ihn in seiner Bemühung unterstützen werden, die von einem Friedrich Wilhelm, einem Rupprecht, einem Hindenburg, einem Ludendorff, einem Escherich verkündete geschichtliche Wahrheit in das ganze deutsche Volk zu bringen, vor allem in jene missleiteten Schichten des Volkes, deren Einsicht durch verlogene Schlagworte und bösartige Verleumdungen umnebelt worden ist.

Zitiert nach: Erich Kuttner (Hrsg.), Der Sieg war zum Greifen nahe. Authentische Zeugnisse zum Frontzusammenbruch, Berlin 1922, S. 5; https://dfg-viewer.de/show/?set[mets]=https://digital.wlb-stuttgart.de/mets/urn:nbn:de:bsz:24-digibib-bsz5064492114.xml (Zugriff: 8. März 2023)

Lösungsskizze: Denkmäler untersuchen

Hinweis: Das Hermannsdenkmal finden Sie auf Seite 31.

1. beschreiben | Das Hermannsdenkmal bei Detmold wurde von 1838 bis 1875 erbaut. Aus Geldmangel und politischen Gründen mussten die Bauarbeiten zeitweise unterbrochen werden. Am 16. August 1875 fand schließlich die feierliche Einweihung des Denkmals unter Anwesenheit seines Erbauers, des Bildhauers und Architekten Ernst von Bandel, und des deutschen Kaisers Wilhelm I. statt. Mit einer Gesamthöhe von rund 53 Metern wirkt das Denkmal aus der Nähe betrachtet monumental. Es befindet sich auf der „Grotenburg", einem 386 Meter hohen Berg im Südosten des Teutoburger Waldes. Finanziert wurde der Bau durch öffentliche Spendengelder, die vor allem von der Bevölkerung, aber auch von deutschen Fürsten und dem Kaiser selbst kamen.

Das Denkmal besteht aus einem Unterbau mit Pfeilern und Nischen aus Stein sowie einer 26 Meter großen Figur, deren Eisenrohrkonstruktion mit einer Oberfläche aus Kupferplatten versehen ist. Die Männerfigur mit Bart und gelocktem Haar trägt einen Flügelhelm, reckt mit dem rechten Arm ein Schwert empor und stützt sich mit dem linken Unterarm auf einen Schild.

2. erklären | Das Denkmal erinnert vordergründig an eine Schlacht aus dem Jahre 9 n. Chr., in der eine Koalition aus germanischen Gruppen unter Führung von Arminius das Heer des römischen Feldherrn Varus vernichtend schlug. Die Männerfigur des Denkmals steht dabei sinnbildlich für den Cheruskerfürsten Arminius.

Die „Varusschlacht" wurde im Laufe der Zeit zum Symbol für den Freiheitskampf des germanischen Volkes gegen die Fremdherrschaft und Arminius – später „Hermann" genannt – zum „Befreier Germaniens", sogar zum „Gründungsvater" der Deutschen stilisiert. Im 19. Jahrhundert setzte dann eine wahre „Hermannseuphorie" ein. Während der Zeit Napoleons und der Befreiungskriege stieg der Hermannsmythos zum Nationalmythos auf. Hermann wurde zur Leit- und Vorbildfigur der nationalen Erhebung gegen die französische Fremdherrschaft und zum Symbol der kriegerischen Nation. So wie er 1800 Jahre zuvor Varus aus Germanien vertrieben hatte, wollte man nun Napoleon aus Deutschland vertreiben. Nach dem Untergang des Alten Reiches diente der „Hermannsmythos" als Antriebs- und Rechtfertigungsideologie der nationalen Einigung und Hermann als Integrationsfigur. Hermann reckte bei der Denkmalenthüllung 1875 sein Schwert nicht gegen die Römer, sondern gegen Frankreich, das 1870/71 militärisch besiegt worden war und als jahrhundertelanger „Erbfeind" betrachtet wurde. Das Kaiserreich von 1871 galt dabei als Wiederbelebung des mittelalterlich-germanischen Reiches der Deutschen.

Bezug auf die deutsche Reichsgründung und die Befreiungskriege Anfang des 19. Jahrhunderts nehmen auch die Inschriften am Unterbau des Denkmals. Auf den Einheitsgedanken hebt die Inschrift des Schwertes der Hermannsfigur ab („Deutsche Einigkeit meine Staerke, meine Staerke Deutschlands Macht").

3. beurteilen | Das Denkmal ist Landschafts- und Nationaldenkmal zugleich. Es sagt kaum etwas über das erinnerte Ereignis (Varusschlacht) und die erinnerte Person (Hermann) aus. Vielmehr spiegelt es die Sicht der Zeitgenossen wider bzw. was diese mit Hermann verbanden. Der Erbauer Ernst von Brandel schuf mit seinem Denkmal ein Symbol nationaler Einheit und Freiheit von Unterdrückung. Daneben wird die Hermannsfigur auch als Ausdruck einer Abwehrhaltung gegenüber Frankreich gedeutet. So ist Hermanns Blick nach Westen gerichtet. Er zeigt sich auf seinem Sockel als starker und selbstbewusster Krieger mit Helm und Schild, der sein Schwert siegessicher dem Himmel entgegenreckt.

Heute ist das Denkmal weitgehend von seinem historisch-politischen Kontext losgelöst und hat sich zu einem beliebten Ausflugsziel entwickelt. Es gilt als Wahrzeichen der Region. Die monumentale Darstellung von Hermann mag allerdings auf den heutigen Betrachter etwas befremdlich wirken.

1. Geschichts- und Erinnerungskultur

1.1 Kernmodul: Geschichtsbewusstsein und Geschichtskultur

Seite 12, M2, A3, H
Skizzieren in einem Verlaufsdiagramm den Weg, den die „faktische Vergangenheit“ durch die Beschäftigung mit Geschichte bis zur „Konsensobjektivität“ nach nehmen kann. Verwenden Sie daneben auch Begriffe wie „Rekonstruktion“, „Urteil“ und „Perspektive“.

Seite 12, M3, A1, H
Erstellen Sie ein Schaubild, in dem das Verhältnis zwischen der individuellen und kollektiven Seite des Geschichtsbewusstseins deutlich wird. Bringen Sie dabei auch Beispiele, wie Sie in Zeile 14 bis 27 genannt werden, ein.

1.2 Kernmodul: Historische Erinnerung

Seite 17, M1, A2, H
Erstellen Sie eine Mindmap, in der die Wirkungen, Funktionen aber auch Problemstellungen, die nach Jeismann von der Beschäftigung mit Geschichte ausgehen, abgebildet sind.

Seite 19, M4, A1, F
Übertragen Sie die von Pandel aufgestellten Kriterien der Authentizität auf einen Geschichtsspielfilm Ihrer Wahl. Überprüfen Sie dann anhand dieser Kriterien den Authentizitätsgrad nach Pandel.

Seite 19, M4, A3, H
Charakterisieren Sie eine beliebige Person einer Epoche in ihrer Mentalität, ihren Aufgaben, Zielen etc. Diskutieren Sie anschließend, welche Eigenschaften in einer entsprechenden Geschichtserzählung zum Ausdruck kommen müssten, damit diese „typenauthentisch“ ist.

1.3 Pflichtmodul: Mythen

Seite 25, Abb., A1, F
Überprüfen Sie, inwieweit die Darstellung von Arminius in dem vorliegenden Gemälde zu dem Bild passt, das vom ihm in dem Bericht von Velleius Paterculus (M1 auf Seite 448) erzeugt wird.

Seite 26, M1, A1, F
Arbeiten Sie heraus, mit welchen Mitteln Velleius Paterculus versucht, die römische Niederlage zu relativieren bzw. als Sonderfall darzustellen.

Seite 27, M2, A1, H
Analysieren Sie, welche Aussagen des Tacitus in M2 den „Germanen“ positive Charaktereigenschaften zuweisen. Entwickeln Sie daraus das Bild des idealtypischen „Germanen“.

Seite 27, M2, A1, F
Analysieren Sie, in welcher Weise Tacitus' Charakterisierung der „Germanen“ in dem Foto vom „Germanenumzug“ aus dem Jahre 1909 (Seite 450) umgesetzt wurde.

Seite 27, M2, A3, H
Nutzen Sie als Hintergrundinformation, dass Tacitus ein großer Kritiker der römischen Gesellschaft war, die er in einem Prozess des Sittenverfalls und zunehmender Dekadenz begriffen sah.

Seite 28, M3, A2, F
Weisen Sie die typischen Kriterien einer Mythisierung (Sinnstiftung, Überhöhung, Komplexitätsreduktion und Stilisierung) am Beispiel des „Hermannsmythos“ nach.

Seite 34, M1, A3, F
Als Vorbereitung für Aufgabe 3: Analysieren Sie das Gemälde in seinen Bildelementen in Hinblick auf die Kennzeichen eines Mythos. Zum Beispiel: Sinnstiftung, Überhöhung, Komplexitätsreduktion und Stilisierung (Reduktion auf ein Muster mit hohem Wiedererkennungswert).

Seite 39, M1, A2, H
Beachten Sie hierzu den Verfassertext auf Seite 458 bis 460.

Seite 40, M3, A1, F
Erörtern Sie, welche Daten für einen Nationalfeiertag noch infrage kämen.

Seite 41, M6, A2, F
Auch die Attentate vom 11. September wurden als Anschlag auf die gesamte freie Welt bezeichnet. Finden Sie Gemeinsamkeiten und Unterschiede.

Seite 46, M2, A3, H
Weisen Sie begründet Kennzeichen eines Mythos (Überhöhung, Komplexitätsreduktion, Stilisierung, Sinnstiftung) in M2 nach.

Seite 46, M3, A3, F
Erläutern Sie anhand von M3 die zentrale Rolle der Sinnstiftung für die Konstruktion eines Mythos. Erklären Sie dabei, wie Elemente der Komplexitätsreduktion, Überhöhung und Stilisierung diesem übergeordneten Ziel dienen.

Seite 46, M3, A4, F
Überprüfen Sie anhand der Kriterien von Hans-Jürgen Pandel (M4 auf Seite 440 f.) auf Basis der Informationen von M3, inwieweit der Film „Oktober“ ein authentisches Bild der Oktoberrevolution vermittelt. Diskutieren Sie anschließend, in welcher Weise der Film als historische Quelle verwendet werden kann.

Bearbeiten Sie den Text in Ihrer Gruppe zunächst arbeitsteilig unter Berücksichtigung folgender Aspekte: Seite 50, M1, A2, H

a) Analysieren Sie, wie der Mythos konstruiert wird (Überhöhung, Sinnstiftung, Komplexitätsreduktion, Stilisierung).

b) Arbeiten Sie die Aspekte und Fakten heraus, mit denen der Mythos dekonstruiert wird.

c) Erläutern Sie den sachlich historischen Kern, auf dem der Mythos aufgebaut ist.

Führen Sie anschließend Ihre Einzelergebnisse zusammen und charakterisieren Sie den Mythos „Trümmerfrauen" in seinen verschiedenen Facetten.

Setzen Sie Ihre Ergebnisse in Beziehung zu den Fotos auf den Seiten 470 und 473. Gehen Sie dabei konkret auf die Bildelemente ein. Seite 50, M1, A2, F

Arbeiten Sie arbeitsteilig Charakteristika von „Diktaturgedächtnis" (Zeile 2), „Arrangementgedächtnis" (Zeile 37) und „Fortschrittsgedächtnis" (Zeile 56f.) aus M1 heraus. Seite 53, M1, A1, H

Führen Sie anschließend Ihre Ergebnisse in Gruppenarbeit zusammen. Erstellen Sie eine Mindmap, die vom dem zentralen Begriff „Rezeption der DDR-Vergangenheit" zunächst zu den drei Ästen „Dikaturgedächtnis", „Arrangementgedächtnis" und „Fortschrittsgedächtnis" verläuft. Weitere Begriffe können dann u.a. sein: SED-Herrschaft, Stasi, Überwachung, KGB-Gefängnisse, Unterdrückung, Widerstand, Selbstbehauptung, Alternative, Lebenswelt, Rechtsstaatlichkeit, soziale Gerechtigkeit, DDR-Bildungssystem, Gleichstellung von Frau und Mann, Kinderbetreuung.

Erläutern Sie dann anhand Ihrer Mindmap die Ambivalenz in der Erinnerung an die DDR-Vergangenheit.

Setzen Sie die Ausführungen von Tobias Hollitzer inhaltlich in Beziehung zu den in M1 (Seite 475) eingeführten Begriffen „Diktaturgedächtnis", „Arrangementgedächtnis" und „Fortschrittsgedächtnis" und analysieren Sie, welche Position Hollitzer jeweils zu diesen Facetten der Erinnerung an die DDR-Vergangenheit bezieht. Seite 54, M2, A2, F

Analysieren Sie, inwieweit sich die Charakteristika der „Drei Formen von Gedächtnis" aus M1 auf Seite 475 in den dargestellten Daten widerspiegeln. Seite 55, M3, A2, F

Die **fettgedruckten Begriffe und Seitenzahlen** verweisen auf Erläuterungen in der Randspalte des Darstellungsteils.

Die **fettgedruckten Namen und Seitenzahlen** verweisen auf Erläuterungen in der Randspalte des Darstellungsteils.

© 2023 FIREFLY HOLDINGS LIMITED. All rights reserved. – S. 15; AdobeStock / Antje Lindert-Rottke – Cover; - / mattiaath – S. 20; akg-images – S. 40; bpk-Bildagentur / Herbert Hensky – S. 48; - / RMN - Grand Palais – S. 38; Interfoto / Alba – S. 51; © k-konzept GmbH – S. 29; Lippische Landesbibliothek Detmold / Sammlung Mellies, ME PK-3-151 – S. 29; - / Signatur BA DT-42-11 – S. 28; - / Signatur BA DT-43-10 – S. 28; - / Signatur Ph 1154 – Simon – S. 23; Mauritius Images / Alamy Stock Photo, David Davies – S. 31; - / Alamy Stock Photo, Moviestore Collection – S. 47; - / Alamy Stock Photo, PWB Images – S. 37; - / Alamy Stock Photo, Markus Wissmann – S. 13; - / Alamy Stock Photo, Zoonar GmbH – S. 52; - / TopFoto, SCRSS – S. 43; - / United Archives, Karl Heinrich Lämmel – S. 33; - / World Book Inc. – S. 34; picture-alliance / akg-images – S. 73; - / AP Photo, Michael Euler – S. 36; - / Bildarchiv – S. 10; - / Bildarchiv, Wolfgang Kumm – S. 9; - / dpa-Report, Friso Gentsch – S. 6; - / DUMONT Bildarchiv, Peter Hirth – S. 32; - / Holger Hollemann – S. 14; - / Friedemann Kohler – S. 6; - / Kristin Schmidt – S. 6; - / Peter Steffen – S. 15; - / The Print Collector – S. 33; - / © World Pictures/Photoshot, Peter Phipp – S. 44; - / ZB, Paul Glaser – S. 48; - / ZB, Thomas Schulze – S. 54; Staatliche Kunsthalle Karlsruhe – S. 25; Staatsbibliothek zu Berlin / Preußischer Kulturbesitz, Abteilung Historische Drucke, Signatur: 2" Sf 340<a> : R. – S. 24.